OSHO

Kreativität

Die Befreiung der inneren Kraft

Aus dem Englischen übertragen von
Rajmani H. Müller

WILHELM HEYNE VERLAG
MÜNCHEN

HEYNE ESOTERISCHES WISSEN
Herausgegeben von Michael Görden
13/9857

Die Originalausgabe erschien unter dem Titel
CREATIVITY: UNLEASHING THE FORCES WITHIN
im Verlag St. Martin's Griffin, New York

Sämtliche ausgewählten Texte von Osho stammen aus spontan gehaltenen Vorträgen, die überwiegend in Englisch, aber auch in Hindi gehalten, auf Tonband aufgezeichnet und in Schriftform übertragen wurden.

Umwelthinweis:
Dieses Buch wurde auf
chlor- und säurefreiem Papier gedruckt.

3. Auflage

Deutsche Erstausgabe 3/2001

http://www.heyne.de
Printed in Germany 2002
Lektorat: Renate Schilling
Umschlaggestaltung: FranklDesign, München
Umschlagillustration: Art by Osho
Herstellung: Helga Schörnig
Satz: Schaber Satz- und Datentechnik, Wels
Druck und Bindung: Ebner & Spiegel, Ulm

ISBN 3-453-18063-1

Inhalt

Vorwort

Der Duft der Freiheit

Kreativität ist die größte Rebellion im Leben. Wer kreativ sein will, muss sich von allen Konditionierungen frei machen, sonst wird seine Kreativität nichts anderes sein als Nachahmung, bloßes Kopieren. Man kann nur als Individuum wirklich schöpferisch sein. Man kann nicht schöpferisch sein, wenn man der Massenpsychologie angehört. Die Psyche der Massen ist unkreativ. Ihr Leben ist grau, kennt keinen Tanz, kein Lied, keine Freude – es ist mechanisch.

Ein schöpferischer Mensch kann keinem ausgetretenen Pfad folgen. Er muss seinen eigenen Weg finden, muss im Dschungel des Lebens danach forschen. Er muss allein gehen, er muss aussteigen aus dem Massenbewusstsein, aus der Psyche des Kollektivs. Die Kollektivpsyche ist auf der Welt die unterste Stufe. Selbst die so genannten Idioten sind noch etwas besser als die kollektive Idiotie. Doch das Kollektiv hat seine eigenen Bestechungsmethoden: Es zollt jenen Respekt und Ehre, die unter Beweis stellen, dass der Weg der Kollektivpsyche der einzig richtige ist.

In der Vergangenheit blieb den schöpferischen Menschen jeglicher Art – Malern, Tänzern, Musikern, Dichtern, Bildhauern – gar nichts anderes übrig, als auf Ehrbarkeit zu verzichten. Sie mussten das Leben von Bohemiens leben, von Vagabunden – nur so konnten sie schöpferisch sein. In der Zukunft braucht das nicht länger so zu sein. Wenn man mich versteht und die Wahrheit in dem fühlt, was ich sage, dann sollte in Zukunft jeder individuell leben können und keiner braucht mehr das Leben eines Bohemiens zu führen. Der Bohemien ist eine Begleiterscheinung des festgelegten, orthodoxen, konventionellen, ehrbaren Lebens.

Ein schöpferischer Mensch kann keinem ausgetretenen Pfad folgen. Er muss allein gehen, er muss aussteigen aus dem Massenbewusstsein, aus der Psyche des Kollektivs.

Mein Bemühen geht dahin, die Kollektivpsyche zu demontieren und das Individuum zu befreien, damit es sich selbst verwirklichen kann. Dann gibt es kein Problem mehr, dann kann jeder so leben, wie er es möchte.

Die wahre Geburt des Menschen wird erst mit dem Tage beginnen, an dem das Individuum in seiner Rebellion respektiert wird. Der Mensch ist noch nicht wirklich geboren. Die Menschlichkeit steckt noch im Mutterleib. Was ihr für Menschlichkeit haltet, ist nur ein Scheinphänomen. Solange wir nicht jedem Einzelnen die individuelle Freiheit geben, die absolute Freiheit, er selbst zu sein und nach seiner Eigenart zu leben ... und natürlich muss er auch andere sein lassen, was sie sind – das ist ein Teil der Freiheit. Niemand sollte sich bei anderen einmischen.

Aber in der Vergangenheit hat jeder die Nase in die Angelegenheiten anderer gesteckt – sogar in Dinge, die absolut privat sind und die Gesellschaft überhaupt nichts angehen. Wenn du dich zum Beispiel in eine Frau verliebst – was geht das die Gesellschaft an? Es ist eine rein persönliche Angelegenheit, nichts Öffentliches. Wenn zwei Menschen sich einig sind, in Liebe zusammen sein zu wollen, sollte die Gesellschaft sich heraushalten. Aber sie mischt sich ein, direkt oder indirekt, mit ihrem ganzen Brimborium. Der Polizist stellt sich zwischen die Liebenden, der Richter stellt sich zwischen die Liebenden. Und wenn das noch nicht ausreicht, dann schafft jede Gesellschaft einen Superpolizisten, der euch unter seine Fittiche nimmt – Gott.

Die Vorstellung von Gott als einem Voyeur, der dir nicht mal im Badezimmer ein Privatleben gönnt, sondern durchs Schlüsselloch schaut und ständig beobachtet, was du machst – wie hässlich das ist! Alle Religionen der Welt sagen: Gott hat dich ständig im Auge – widerlich! Was ist das für ein Gott? Hat er nichts Besseres zu tun, als jeden zu überwachen und zu bespitzeln? Scheint der absolute Superdetektiv zu sein!

Die Menschheit braucht einen neuen Nährboden – den Nährboden der Freiheit. Das Leben der Boheme war eine Reaktion, eine notwendige Reaktion, aber wenn sich meine Vision durchsetzt, braucht es keine Boheme mehr zu geben, weil die Menschen nicht mehr dem Kollektivzwang unterliegen. Dann kann jeder sich so geben, wie er ist. Natürlich darfst du dich nicht bei anderen einmischen, aber was dein eigenes Leben angeht, musst du es auf deine eigene Weise leben. Nur so ist Kreativität möglich. Kreativität ist der Duft der individuellen Freiheit.

Ein schöpferischer Mensch besitzt Intuition,
er sieht Dinge, die noch niemand vor ihm gesehen hat,
und er hört Dinge, die noch niemand zuvor gehört hat.
Dann ereignet sich Kreativität.

Die Leinwand vorbereiten

Sobald alles Pathologische verschwindet,
wird jeder Mensch kreativ.
Das muss man in seiner ganzen Tragweite verstehen:
Nur Kranke sind destruktiv; Gesunde sind kreativ.
Kreativität ist die Ausstrahlung wahrer Gesundheit.
Wenn ein Mensch wirklich gesund und heil ist,
stellt sich Kreativität auf natürliche Weise ein.
Dann drängt es ihn, schöpferisch zu sein.

Die drei Dimensionen

Die Menschheit ist jetzt an einem Scheideweg angelangt. Bisher haben wir den eindimensionalen Menschen gelebt – das kennen wir schon zur Genüge. Was wir jetzt brauchen, ist ein bereicherter, dreidimensionaler Mensch. Diese drei Dimensionen nenne ich die drei Cs: *Consciousness* (Bewusstheit), *Compassion* (Mitgefühl) und *Creativity* (Kreativität).

Bewusstheit bedeutet Sein, Mitgefühl bedeutet Fühlen, Kreativität bedeutet Tun. Meine Vision des neuen Menschen umfasst alle drei gleichzeitig. Damit gebe ich euch die größte Herausforderung, die es je gab – und die schwierigste Aufgabe, die es je zu lösen galt: Ihr sollt so meditativ sein wie Buddha, so liebevoll wie Krishna und so kreativ wie Michelangelo, wie Leonardo da Vinci. Man sollte das alles zusammen sein, gleichzeitig. Nur so gelangt man zu seiner Ganzheit, zur Erfüllung; ansonsten bleibt immer etwas unvollständig. Und das, was im Menschen unvollständig bleibt, wird ihm immer ein Gefühl von Einseitigkeit und Unbefriedigtsein geben.

Man kann einen sehr hohen Gipfel erreichen, wenn man eindimensional ist, aber es wird nur ein einzelner Gipfel sein. Ich möchte aber, dass ihr wie die ganze Bergkette des Himalaja seid – nicht nur ein einziger Gipfel, sondern Gipfel über Gipfel.

Der eindimensionale Mensch hat versagt. Er hat es nicht geschafft, eine schöne Welt hervorzubringen; er hat es nicht geschafft, das Paradies auf Erden hervorzubringen. Er hat versagt, auf der ganzen Linie versagt! Es hat zwar hier und da ein paar herausragende Menschen gegeben, aber keine Transformation der ganzen Menschheit, keine Anhebung des Bewusstseins der ganzen Menschheit. Nur vereinzelt haben hier und da ein paar Menschen die Erleuchtung erlangt. Das reicht jetzt nicht mehr. Wir brauchen mehr Erleuchtete – und zwar Erleuchtete in allen drei Dimensionen.

Das ist meine Definition eines neuen Menschen.

Man kann einen sehr hohen Gipfel erreichen, wenn man eindimensional ist, aber es wird nur ein einzelner Gipfel sein. Ich möchte aber, dass ihr wie die ganze Bergkette des Himalaja seid – nicht nur ein einziger Gipfel, sondern Gipfel über Gipfel.

Buddha war kein Poet, aber die neuen Menschen – all jene, die jetzt zu Buddhas werden – werden auch Poeten sein. Und wenn ich »Poeten« sage, meine ich nicht, dass man Gedichte schreiben muss, man muss Poesie *leben*. Das Leben sollte voller Poesie sein, man sollte eine poetische Lebenseinstellung haben.

Buddha ist von einer überirdischen Schönheit, doch er hat nicht die Schönheit des Griechen Zorbas. Zorbas ist ganz und gar irdisch. Man sollte beides zugleich sein: Zorbas der Buddha. Man sollte meditativ sein, aber nicht auf Kosten des Fühlens.

Logik ist trocken, Poesie ist lebendig. Logik kann nicht tanzen, Logik ist unfähig zu tanzen. Logik und Tanzen – genausogut könnte man Mahatma Gandhi tanzen sehen! Wie lächerlich! Poesie kann tanzen, Poesie ist der Tanz deines Herzens. Logik kann nicht lieben; sie kann höchstens von Liebe reden, doch lieben kann sie nicht. Liebe scheint unlogisch zu sein. Nur Poesie kann lieben, nur Poesie wagt den Sprung ins Paradox der Liebe.

Logik ist kühl, sehr kühl – sinnvoll, wenn es um Mathematik geht, aber nicht sinnvoll, wenn es um Menschlichkeit geht. Wenn die Menschlichkeit allzu logisch wird, geht sie verloren. Dann haben wir keine Menschen mehr, sondern nur noch Nummern, austauschbare Nummern.

Poesie, Liebe, Gefühl – sie geben dir Tiefe und Wärme. Durch sie kommt etwas in dir zum Schmelzen und du verlierst deine Kälte. Du wirst menschlicher. Buddha ist übermenschlich, das steht außer Zweifel, aber er hat die Dimension des Menschlichen verloren. Er hat etwas Unirdisches, er ist von einer überirdischen Schönheit, doch er hat nicht die Schönheit des Griechen Zorbas*. Zorbas ist ganz und gar irdisch. Man sollte beides zugleich sein: Zorbas der Buddha.

Man sollte meditativ sein, aber nicht auf Kosten des Fühlens. Man sollte meditativ sein, aber dennoch voll Ge-

* *Alexis Zorbas* aus dem verfilmten Roman von Nikos Kazantzakis

fühl und überfließender Liebe. Und man sollte kreativ sein. Wenn eure Liebe bloß ein Gefühl ist und nicht auch im Tun sichtbar wird, hat sie keine Auswirkungen auf die Menschheit als Ganzes. Ihr müsst sie zur Realität werden lassen, ihr müsst sie materialisieren.

Dies sind die drei Dimensionen: Sein, Fühlen, Tun. Das Tun beinhaltet die Kreativität, jegliche Art von Kreativität – Musik, Dichtung, Malerei, Bildhauerei, Architektur, Wissenschaft, Technik. Das Fühlen beinhaltet alles Ästhetische – Liebe, Schönheit. Und das Sein beinhaltet Meditation, Bewusstheit, Achtsamkeit.

Entspannung im Tun

Als Erstes ist es nötig, dass man das Wesen von Aktivität und die darin verborgenen Tendenzen versteht; vorher ist Entspannung nicht möglich. Selbst wenn man sich entspannen möchte, kann man es nicht, solange man nicht wahrgenommen, beobachtet und erkannt hat, was das Wesen von Aktivität ausmacht, denn Aktivität ist kein einfaches Phänomen. Viele Menschen würden sich gerne entspannen, können es aber nicht. Entspannung ist wie ein Aufblühen; man kann es nicht erzwingen. Man muss dieses ganze Phänomen verstehen: Warum man so aktiv ist, warum man so sehr mit Aktivität beschäftigt ist, warum man so davon besessen ist.

Entspannung ist wie ein Aufblühen; man kann es nicht erzwingen. Man muss dieses ganze Phänomen verstehen: Warum man so aktiv ist, warum man so sehr mit Aktivität beschäftigt ist, warum man so davon besessen ist.

Es gibt da einen Unterschied, den es zu beachten gilt: den zwischen »Aktion« und »Aktivität«. Aktion ist nicht Aktivität, Aktivität ist nicht Aktion. Sie sind ihrem Wesen nach entgegengesetzt. Aktion findet statt, wenn die Situation es erfordert und man entsprechend darauf eingeht. Bei der Aktivität ist die Situation Nebensache; man reagiert nicht der Situation entsprechend, sondern ist innerlich so ruhelos, dass die Situation nur als Vorwand für Aktivität dient.

Bei der Aktion kommt das Tun aus einem ruhigen Verstand – und das ist das Schönste auf der Welt. Aktivität kommt aus einem ruhelosen Verstand – und das ist das Hässlichste. Aktion ist bedeutsam, Aktivität ist bedeutungslos. Aktion ist spontan, von Augenblick zu Augenblick. Aktivität ist mit Vergangenheit belastet, kein Antworten auf den gegenwärtigen Augenblick, sondern ein Überschwappen innerer Rastlosigkeit, die man aus der Vergangenheit mit sich trägt, in die Gegenwart. Aktion ist kreativ, Aktivität sehr destruktiv; sie schadet dir und sie schadet anderen.

Versuche den feinen Unterschied zu sehen. Wenn du zum Beispiel Hunger hast und etwas isst – das ist Aktion. Wenn du aber nicht hungrig bist, wenn du überhaupt keinen Hunger verspürst und trotzdem isst – dann ist es Aktivität. Auf diese Art zu essen ist gewalttätig: Du vernichtest das Essen – du beißt die Zähne zusammen und zerkleinerst die Nahrung. Das bringt dir eine gewisse Erleichterung für deine innere Rastlosigkeit. Du isst nicht aus Hunger, sondern aus einem inneren Zwang, einem aggressiven Bedürfnis heraus.

In der Tierwelt sind Aggressionen mit Maul und Zähnen, Klauen und Krallen assoziiert. Das sind die beiden Werkzeuge der Aggression im Tierreich. Wenn wir essen, ist beides beteiligt: Mit der Hand greifen wir nach dem Essen und mit dem Mund verschlingen wir es – Aggressionen werden frei. Wenn aber der Hunger fehlt, ist es keine Aktion, dann ist es krank. Es ist eine zwanghafte Aktivität. Man kann jedoch nicht immer weiter essen, sonst würde man platzen, und darum haben die Menschen verschiedene Tricks erfunden: Sie kauen Tabak oder Kaugummi, sie rauchen Zigaretten. Das ist ein Ersatz für das Essen, ohne jeden Nährwert, doch in Bezug auf die Aggressionen erfüllt es seinen Zweck.

Wenn jemand dasitzt und Kaugummi kaut, was tut er eigentlich? Er bringt jemanden um! In seinem Hirn – falls er sich dessen überhaupt bewusst ist – läuft möglicherweise ein Film ab, in dem er jemanden fertig macht oder umbringt. Dabei kaut er bloß Kaugummi! Eine an sich völlig unschuldige Aktivität. Damit tut man niemandem weh. Aber es besteht die Gefahr, dass man sich überhaupt nicht bewusst wird, was man da tut. Und ein Raucher – was macht er? Eigentlich etwas ganz Unschuldiges: Er atmet bloß den Rauch ein und stößt ihn wieder aus, atmet ein und aus. Eine Art von ungesundem *Pranayama** – eine profane Variante der Transzendentalen Meditation. Er kreiert eine Art Mandala, indem er den Rauch einsaugt und ihn wieder ausstößt; er nimmt ihn auf und gibt ihn wieder ab. So entsteht eine Art Mandala, ein Kreis. Rauchen ist vergleichbar mit einem Mantra, dem rhythmischen Rezitieren von Lauten. Es wirkt beruhigend und lindert ein bisschen die innere Ruhelosigkeit.

Wenn in einem Gespräch der andere plötzlich zur Zigarette greift, dann erinnere dich daran – und es trifft fast

* Yoga-Atemübung

immer zu: Es ist ein Hinweis, dass der andere sich langweilt und man jetzt besser gehen sollte. Am liebsten würde er dich hinauswerfen, aber das kann er nicht, das wäre zu unhöflich. Darum fischt er sich eine Zigarette und sagt damit: »Schluss jetzt! Mir reicht's!« In der Tierwelt hätte er sich längst auf dich gestürzt, aber das geht ja nicht. Schließlich ist man ein zivilisierter Mensch! Also stürzt er sich auf die Zigarette und fängt an zu rauchen. Nun braucht er sich um dich nicht mehr zu kümmern. Er hüllt sich in sein Rauchmantra und das beruhigt.

Diese Art von Aktivität zeigt, dass man unter einem Zwang steht. Man hält es mit sich selbst nicht aus, man kann nicht still sein, kann nicht untätig bleiben. Durch die Aktivität verschafft man sich ein Ventil für die krankhafte Unruhe, den Wahnsinn im eigenen Innern.

Aktion ist etwas Schönes, Aktion ereignet sich als spontane Antwort. Das Leben verlangt spontanes Antworten. In jedem Moment muss man handeln, aber dieses Handeln entspringt aus dem gegenwärtigen Augenblick. Wenn du hungrig bist, holst du dir etwas zu essen. Wenn du durstig bist, gehst du zum Brunnen. Wenn du müde bist, gehst du schlafen. Du handelst aus der Totalität der Situation heraus. Solches Handeln ist spontan und total.

Aktivität kann nie spontan sein; sie kommt immer aus der Vergangenheit. Vielleicht hat sich schon jahrelang etwas in dir angestaut und entlädt sich nun in der Gegenwart, ohne dass es einen Bezug dazu gäbe. Doch der Verstand ist sehr raffiniert, er findet immer eine Rationalisierung für deine Aktivität. Der Verstand wird immer zu beweisen versuchen, dass es kein reiner Aktivismus ist, sondern eine notwendige Handlung. Plötzlich bist du im Zorn entflammt. Alle anderen können sehen, wie unnötig und unangemessen es in dieser Situation ist, völlig irrelevant – nur du selbst kannst es nicht sehen. Alle anderen haben das Gefühl: »Warum macht er das nur? Das war doch nicht nötig. Warum ist er bloß so wütend?« Aber man selbst findet immer gute Gründe; man begründet es damit, dass es notwendig gewesen sei.

Solche Rationalisierungen tragen dazu bei, dass man sich über die eigene Verrücktheit völlig im Unklaren bleibt. George Gurdjieff nannte dieses Phänomen »Puffer«. Durch das Rationalisieren erzeugt man eine Art Stoßdämpfer, der verhindert, dass man die Situation erkennt, wie sie wirklich ist. Puffer gibt es in Eisenbahnzügen zwischen den Waggons und sie schützen die Fahrgäste bei einer plötzlichen Bremsung vor dem Aufprall. Die Puffer fangen den Stoß ab. Deine Aktivitäten sind eigentlich ständig irrelevant, aber die Puffer deiner Rationalisierungen verhindern, dass du die wirkliche Situation erkennst. Die Puffer machen dich blind und so geht dieser blinde Aktivismus immer weiter.

Solange diese Aktivität vorhanden ist, kannst du dich unmöglich entspannen. Wie sollst du dich da entspannen? Es ist ein zwanghaftes Bedürfnis, etwas zu machen – egal was. Und überall auf dieser Welt gibt es Narren, die behaupten: »Besser man macht irgendetwas als gar nichts.« Und es gibt diese perfekten Narren, die auf der ganzen Welt das Sprichwort geprägt haben: »Ein leerer Verstand ist eine Teufelswerkstatt.« Überhaupt nicht! Ein leerer Verstand ist eine Gotteswerkstatt. Ein leerer Verstand ist die wunderbarste Sache der Welt – absolut rein! Wie könnte ein leerer Verstand eine Teufelswerkstatt sein? Der Teufel kann in einen leeren Verstand gar nicht hineinkommen, unmöglich! Der Teufel kann nur in einen Verstand hinein, der von zwanghafter Aktivität besessen ist. Dort übernimmt er die Kontrolle und zeigt dir Mittel und Wege und Methoden, wie du noch aktiver werden kannst. Der Teufel wird nie sagen: »Entspanne dich!« Nein, er sagt: »Was vergeudest du deine Zeit? Los, Mensch, mach was! Setz dich in Bewegung! Das Leben läuft dir davon! Mach was!« Doch alle großen Lehrer – all jene, die zur Wahrheit des Lebens erwacht sind – haben erkannt, dass ein leerer Verstand der Raum ist, in den das Göttliche eintreten kann.

Und es gibt diese perfekten Narren, die auf der ganzen Welt das Sprichwort geprägt haben: »Ein leerer Verstand ist eine Teufelswerkstatt.« Überhaupt nicht! Ein leerer Verstand ist eine Gotteswerkstatt.

Die Aktivität kann sich der Teufel zunutze machen, aber nicht den leeren Verstand. Wie könnte der Teufel einen leeren Verstand für sich benutzen? Er würde sich nicht mal in seine Nähe wagen, denn die Leere würde ihm sofort den Garaus machen. Doch wenn du von einem tiefen Drang, einem irrwitzigen Drang besessen bist, aktiv zu sein, kann der Teufel dir das Ruder aus der Hand nehmen. Dann übernimmt er das Steuer; dann ist er allein der Steuermann.

Ich möchte euch klarmachen, dass dieses Sprichwort absolut falsch ist. Es muss vom Teufel selbst in die Welt gesetzt worden sein.

Diesen Zwang zur Aktivität muss man beobachten. Und du solltest ihn in deinem eigenen Leben beobachten – denn alles, was ich sage, hat nicht viel Sinn, solange du nicht bei dir selbst erkennst, wie irrelevant und unnötig all diese Aktivitäten sind. Warum machst du das alles?

Auf Reisen habe ich Leute getroffen, die immer und immer wieder dieselben Dinge wiederholten. Oft war ich vierundzwanzig Stunden im Zug mit einem Mitreisenden, und er las wieder und wieder dieselbe Zeitung, weil es nichts anderes zu tun gab. In einem geschlossenen Zugabteil gibt es nicht viel zu tun, also liest man dieselbe Zeitung immer wieder. Und ich schaute zu … was machte dieser Mensch da?

Eine Zeitung ist keine heilige Schrift, keine Bibel. Die Bibel kann man immer wieder lesen und jedes Mal, wenn man sie zur Hand nimmt, findet man eine neue Bedeutung darin. Eine Zeitung ist aber keine Bibel; es reicht, wenn man sie einmal durchgesehen hat! Es lohnt sich nicht, sie auch nur einmal zu lesen, aber die Leute lesen sie immer wieder, von vorne bis hinten. Was soll das? Ist das nötig? Nein, es ist zwanghaft. Die Menschen können nicht untätig bleiben, sie können nicht still sein. Es ist ihnen unmöglich; es erscheint ihnen wie der Tod. Sie müssen aktiv bleiben.

Als ich jahrelang viel reiste, hatte ich oft Gelegenheit, Menschen zu beobachten, ohne dass sie es merkten, denn manchmal war ich mit einer Person allein im Abteil. Der andere stellte oft alles Mögliche an, um mich zum Reden zu bringen, aber ich sagte immer nur ja oder nein, bis er es schließlich aufgab. Dann konnte ich ihn beobachten – ein tolles Experiment, und völlig gratis! Ich schaute ihm zu: Er öffnete seinen Koffer und ich konnte sehen, dass er gar nichts damit wollte. Er schaute nur hinein und machte ihn wieder zu. Dann öffnete er das Fenster und schloss es wieder. Dann las er wieder die Zeitung, rauchte eine Zigarette, öffnete erneut den Koffer, rückte ihn wieder an seinen Platz, ging noch mal ans Fenster und öffnete es, schaute hinaus.

Was macht er nur? Und warum tut er das alles? Ein innerer Drang, eine flackernde innere Unruhe, ein fieberhafter Geisteszustand. Er muss etwas tun, sonst ist er verloren! Sicher hat dieser Mann ein sehr aktives Leben. Jetzt hätte er endlich mal Gelegenheit, sich einen Augenblick zu entspannen. Aber er kann nicht entspannen; die alte Gewohnheit ist zu stark.

Wenn du einen hohen Berggipfel erklimmen willst, ist es anstrengend. Aber wenn du auf dem Gipfel angekommen bist und du ruhst dich aus und flüsterst mit den Wolken und schaust in den Himmel, dann singt dein Herz vor Freude. Diese Freude stellt sich immer dann ein, wenn man einen Gipfel der Kreativität erreicht hat.

Von dem Mogulherrscher Aurangzeb wird erzählt, dass er seinen alten Vater ins Gefängnis steckte. Aurangzebs Vater war Schah Jahan, der Erbauer des Taj Mahal. Sein Sohn entthronte ihn und machte ihn zu einem Gefangenen.

Es heißt – zumindest steht es so in Aurangzebs Autobiografie –, dass Schah Jahan sich nach ein paar Tagen beschwerte – nicht über das Gefängnis, denn man gewährte ihm jeden Luxus. Sein Gefängnis war ein Palast und der Schah lebte nicht viel anders als zuvor, gar nicht wie im Gefängnis. Es war alles vorhanden, was er brauchte. Nur eines fehlte ihm: Aktivität – er hatte nichts zu tun.

Deshalb bat er seinen Sohn Aurangzeb: »Es ist gut. Du hast für alles gesorgt, alles ist bestens. Nur eines … und dafür wäre ich dir ewig dankbar! Könntest du mir nicht dreißig Knaben schicken, damit ich sie unterrichten kann?«

Aurangzeb konnte es nicht glauben: »Warum will mein Vater dreißig Knaben unterrichten?« Er hatte noch nie eine Neigung zum Lehrer gezeigt, hatte sich noch nie für Erziehung interessiert. Was sollte das? Aber er erfüllte ihm den Wunsch und schickte dreißig Knaben zu Schah Jahan. Nun war alles bestens. Jetzt konnte er wieder herrschen, wenn auch nur über dreißig Knaben. Man kann das in jeder Grundschule sehen: Dort regiert der Lehrer wie ein Herrscher. Wenn er den Kindern befiehlt, sich zu setzen, müssen sie sich setzen; wenn er ihnen befiehlt aufzustehen, müssen sie aufstehen. Und so kreierte sich der alte Schah mit den dreißig Knaben wieder die gleiche Situation wie früher bei Hofe – aus alter Gewohnheit und der alten Sucht, andere herumzukommandieren.

Psychologen haben die Vermutung geäußert, dass Lehrer eigentlich Politiker seien. Sie besäßen nicht genügend Selbstvertrauen, um in die Politik zu gehen, und deshalb gingen sie in die Schule und spielten dort den Präsidenten, den Kanzler, den Kaiser. Kleine Kinder kann man leicht herumkommandieren und Druck auf sie ausüben. Psychologen haben auch den Verdacht geäußert, Lehrer hätten eine Neigung zum Sadismus: Sie liebten es, andere zu quälen, und dafür ließe sich kein besserer Ort finden als die Grundschule. Dort könne man unschuldige Kinder quälen – angeblich zu ihrem eigenen Wohl, zu ihrem eigenen Besten. Geht und überzeugt euch selbst! Ich bin in Grundschulen gegangen und habe mir die Lehrer dort angesehen. Die Psychologen hegen nur den Verdacht, aber ich bin mir *sicher:* Es sind Folterknechte! Unschuldigere Opfer lassen sich kaum finden. Völlig ungewappnet können sie keinen Widerstand leisten, so zart und hilflos, wie sie sind. Und der Lehrer steht vorne wie ein Kaiser.

Ein entspannter Mensch ist nicht zwanghaft aktiv und so sammelt sich seine Energie, er bewahrt sich seine Energie. Sie wird automatisch gespeichert und wenn der Augenblick zum Handeln kommt, lässt er sich mit seinem ganzen Wesen darauf ein.

Aurangzeb schreibt in seiner Autobiografie: »Mein Vater kann nicht von seiner alten Gewohnheit lassen und tut weiter so, als wäre er der Herrscher. Am besten lässt man ihn einfach gewähren. Soll er sich doch ruhig etwas vormachen, daran ist nichts falsch. Sendet ihm dreißig Knaben oder dreihundert – so viele, wie er haben will. Soll er doch seine kleine Schule haben, wenn ihn das glücklich macht!«

Aktivität bedeutet sinnloses, irrelevantes Tun. Du kannst es an dir selbst beobachten und sehen: Neunzig Prozent deiner Energie vergeudest du durch Aktivität. Und wenn dann der Augenblick zum Handeln kommt, hast du keine Energie. Ein entspannter Mensch ist nicht zwanghaft aktiv und so sammelt sich seine Energie, er bewahrt sich seine Energie. Sie wird automatisch gespeichert und wenn der Augenblick zum Handeln kommt, lässt er sich mit seinem ganzen Wesen darauf ein. Darum hat solches Handeln immer etwas Totales; Aktivität hat immer etwas Halbherziges. Und du kannst dir selbst nichts vormachen, du weißt genau, wie sinnlos es ist. Du bist dir bewusst, dass du von irgendwelchen fieberhaften Gründen im Innern dazu getrieben wirst, die dir selbst nicht mal klar sind, sondern nur verschwommen.

Man kann die Aktivität wechseln, aber solange Aktivität nicht in Aktion transformiert wird, hilft das gar nichts. Die Leute kommen zu mir und sagen: »Ich möchte mit dem Rauchen aufhören!« Ich sage: »Wozu? Das ist doch eine großartige TM*. Mach ruhig weiter!« Wenn man damit aufhört, wird man etwas anderes anfangen – denn die Krankheit geht nicht weg, indem man die Symptome ändert. Dann wird man Nägel beißen oder Kaugummi kauen – und es gibt noch gefährlichere Dinge. Kaugummi zu kauen ist harmlos, denn man tut es ja für sich allein. Es mag zwar dumm sein, aber zumindest ist man nicht gewalttätig und schadet keinem anderen. Aber wenn man mit dem Kaugummikauen oder mit dem Rauchen aufhört, was macht man dann? Der Mund braucht Aktivität; er ist aggressiv. Dann wird man reden. Dann redet man in einem fort – bla bla bla, blablabla – und das ist viel gefährlicher!

Kürzlich kam Mulla Nasruddins Frau zu mir. Sie kommt selten, aber wenn sie kommt, dann weiß ich gleich, sie hat die Krise! Also fragte ich: »Was ist passiert?« Sie brauchte dreißig Minuten und tausend Worte, um es mir zu erzählen: »Mulla Nasruddin redet im Schlaf! Hast du eine Idee, was man da machen kann? Er redet die ganze Zeit und ich kann nicht schlafen, wenn ich mit ihm im Zimmer bin. Und dann schreit er auch noch und sagt schreckliche Dinge!«

Ich sagte zu ihr: »Du brauchst gar nichts zu machen. Gib ihm einfach mal eine Chance zu reden, wenn ihr wach seid!«

Die Leute reden pausenlos und geben keinem anderen eine Chance. Reden ist genau wie Rauchen. Wenn man vierundzwanzig Stunden redet – und das tut ihr! Solange ihr wach seid, redet ihr. Und wenn endlich euer Körper müde ist und einschläft, geht das Reden trotzdem weiter. Vierundzwanzig

* Transzendentale Meditation

Stunden, rund um die Uhr, redet ihr und redet und redet. Es ist dasselbe Phänomen wie beim Rauchen: Der Mund muss ständig in Bewegung bleiben. Im Mund konzentriert sich die ganze Aktivität, weil alle Aktivität im Leben beim Mund beginnt.

Sobald das Kind geboren wird, beginnt es an der Mutterbrust zu saugen; das ist die erste und wichtigste Aktivität. Rauchen ist wie das Saugen an der Brust. So wie die warme Milch einströmt, strömt beim Rauchen der warme Rauch ein und die Zigarette zwischen den Lippen fühlt sich wie die Brust der Mutter an, wie die Brustwarze. Wenn du nicht rauchen oder Kaugummi kauen oder etwas Ähnliches tun darfst, wirst du eben reden. Und das ist viel gefährlicher, weil du anderen deinen Müll an den Kopf wirfst.

Bist du imstande, einmal längere Zeit still zu sein? Die Psychologen behaupten, wer drei Wochen im Schweigen verbringt, fängt an, mit sich selbst zu reden. Er spaltet sich in einen Teil, der redet, und einen anderen, der zuhört. Und wer versucht, drei Monate zu schweigen, wird total reif fürs Irrenhaus. Dann ist es egal, ob jemand da ist oder nicht – man redet. Und man redet nicht nur, sondern man gibt sich sogar selbst die Antworten. Man ist sich selbst genug und braucht niemand anderen mehr. Das macht einen Verrückten aus.

Ein Verrückter ist jemand, dessen ganze Welt auf ihn selbst beschränkt ist. Er ist Sprecher und Zuhörer, Agierender und Zuschauer, alles in einem. Seine ganze Welt ist auf ihn beschränkt. Er hat sich in viele Teile gespalten, er ist völlig zersplittert. Das ist der Grund, warum die Menschen solche Angst haben vor der Stille: weil sie wissen, dass sie auseinanderbrechen könnten. Angst vor der Stille hat man nur, wenn man einen zwanghaften, fieberhaften, krankhaften Verstand in sich trägt, der fortwährend aktiv sein muss.

Aktivität ist Flucht vor dir selbst. Im Handeln, in der Aktion bist du präsent, aber in der Aktivität weichst du vor dir selber aus. Es ist wie eine Droge. In der Aktivität vergisst du dich selbst, und wenn du dich vergisst, hast du keine Sorgen, keine Probleme, keine Ängste. Darum musst du ständig aktiv bleiben, musst du fortwährend mit irgendetwas beschäftigt sein und darfst nie in einen Zustand kommen, wo das Nicht-Tun in deinem Innern aufblühen und gedeihen könnte.

Du musst selbst den Unterschied in dir herausfinden: Wann ist es Aktivität und wann ist es Aktion? Dies ist der erste Schritt. Und der zweite Schritt ist, dich mehr auf Aktion zu verlegen, dann wird deine Energie mehr in Aktion fließen. Und immer wenn Aktivität da ist, solltest du aufmerksam sein und beobachten.

Aktion ist gesund, Aktivität ist krank. Du musst selbst den Unterschied in dir herausfinden: Wann ist es Aktivität und wann ist es Aktion? Dies ist der erste Schritt. Und der zweite Schritt ist, dich mehr auf Aktion zu verlegen, dann wird deine Energie mehr in Aktion fließen. Und immer wenn Aktivität da ist, solltest du aufmerksam sein und beobachten. Wenn du aufmerksam bist, hört die Aktivität auf. Dann wird die Energie bewahrt und dieselbe Energie geht in Aktion.

Aktion ist unmittelbar, nichts Fertiges oder Vorbereitetes. Du hast keine Möglichkeit, dich darauf vorzubereiten, es vorher zu proben. Aktion ist immer neu und frisch wie die

Tautropfen am Morgen. Und ein Mensch der Aktion bleibt immer jung und frisch. Sein Körper mag altern, aber die Frische bleibt; sein Körper mag sterben, aber die Jugend bleibt. Sein Körper mag verschwinden, aber er selbst bleibt – denn Gott liebt die Frische. Gott ist immer für das Neue, Frische.

Verzichte mehr und mehr auf Aktivität. Und wie kannst du darauf verzichten? Auch dieser Verzicht kann zu einem Zwang werden, und genau das ist mit den Mönchen in den Klöstern passiert: Ihr Verzicht auf Aktivität ist zwanghaft geworden. Ständig tun sie etwas, um sich aller Aktivität zu enthalten: Sie beten, meditieren, praktizieren Yoga und alle möglichen anderen Dinge. Aber auch das ist Aktivität. Auf diese Weise kann man das nicht loswerden! Es schleicht sich durch die Hintertür wieder herein.

Sei bewusst. Fühle den Unterschied zwischen Aktion und Aktivität. Und wenn die Aktivität dich packt, wenn sie buchstäblich von dir Besitz ergreift und du von ihr besessen bist wie von einem Geist – und tatsächlich ist sie ein Geist, etwas Totes aus der Vergangenheit – wenn du dich also bei zwanghafter Aktivität ertappst und wie im Fieber bist, dann werde dir dessen einfach mehr bewusst! Mehr kannst du nicht tun. Beobachte es. Selbst wenn du es tun musst, dann tue es mit voller Aufmerksamkeit. Rauche, aber rauche ganz langsam, mit voller Aufmerksamkeit, damit du genau mitbekommst, was du da tust.

Wenn du dich selbst beim Rauchen beobachten kannst, wird dir eines Tages plötzlich die Zigarette aus den Fingern gleiten und mit einem Mal wird dir die ganze Absurdität aufgehen. Wie töricht das ist, wie dumm, einfach idiotisch! Wenn du das erkennst, fällt es von dir ab. Du kannst es nicht einfach fallen lassen, denn das Fallenlassen wäre selbst schon wieder eine Aktivität. Darum sage ich, dass es abfällt wie ein totes Blatt, das vom Baum fällt – genauso fällt es von dir ab. Wenn aber *du* es fallen lässt, wirst du es auf andere Weise, in anderer Form wieder aufgreifen.

Die Frage ist nicht, was man tut; die Frage ist, wie man es tut. Und letztendlich geht es darum, ob man etwas tut oder ob man zulassen kann, dass es geschieht.

Lass die Dinge von selbst wegfallen, statt sie fallen zu lassen. Lass die Aktivität von allein verschwinden, statt sie zwanghaft zum Verschwinden zu bringen – denn das Bemühen, sie zum Verschwinden zu bringen, ist an sich schon wieder eine Aktivität in neuer Form. Beobachte, sei aufmerksam, sei bewusst – dann wirst du auf ein wunderbares Phänomen stoßen: Wenn etwas von selbst wegfällt, ganz von allein, dann hinterlässt es keine Spuren in dir. Sobald du es erzwingst, bleiben Spuren zurück; dann bleibt eine Narbe. Dann wirst du immer damit prahlen, dass du es geschafft hast, nach dreißig Jahren das Rauchen aufzugeben! Aber dieses Prahlen ist genau das Gleiche. Indem du darüber redest, tust du im Grunde wieder das Gleiche: Du rauchst zwar nicht, aber du redest zu viel – über die Tatsache, dass du das Rauchen aufgegeben hast! Und wieder sind deine Lippen aktiv, dein Mund ist in Bewegung, du bist aggressiv.

Wenn du das wirklich verstanden hast, dann fällt es von dir ab. Dann kannst du nicht für dich beanspruchen, du hättest es fallen lassen. Es ist von allein weggefallen! Nicht *du* hast es fallen lassen. Auf diese Weise wird das Ego nicht gestärkt. Dann rückt Aktion mehr und mehr in den Bereich der Möglichkeit.

Und sooft du eine Gelegenheit hast, total zu handeln, total in Aktion zu sein, lass sie dir nicht entgehen. Zögere nicht – handle! Geh mehr in Aktion und lass die Aktivitäten von alleine wegfallen. Dann wird sich allmählich eine Transformation in dir vollziehen. Es braucht Zeit, es bedarf einer Reifung, aber es besteht keine Eile.

Höre diese Worte von Tilopa*:

Tu nichts mit dem Körper, entspanne dich nur.
Schließe fest den Mund und bleibe still.
Leere den Geist und denke an nichts.

»*Tu nichts mit dem Körper, entspanne dich nur …*« Jetzt kannst du verstehen, was Entspannung bedeutet. Sie bedeutet, dass kein Drang nach Aktivität in dir vorhanden ist. Entspannung bedeutet nicht, wie ein Toter dazuliegen. Und du kannst auch gar nicht daliegen wie ein Toter, du kannst höchstens so tun, als ob. Wie solltest du daliegen können wie ein Toter? Du bist ja lebendig! Du kannst höchstens so tun, als ob.

Entspannung stellt sich ein, wenn kein Drang nach Aktivität vorhanden ist. Deine Energie ruht in sich und bewegt sich nirgendwohin.

Wenn die Situation es erfordert, wirst du handeln, das ist alles, aber du suchst keinen Vorwand, um etwas zu tun. Du fühlst dich wohl mit dir selbst. Entspannung bedeutet, bei sich selbst zu Hause zu sein.

Entspannung stellt sich nur ein, wenn es im Leben kein »Muss« gibt. Entspannung betrifft nicht nur den Körper, nicht nur den Verstand, sondern das ganze Wesen.

---

* Mystiker des 11. Jh., der Buddhas Lehren von Indien nach Tibet brachte

Vor einigen Jahren las ich ein Buch mit dem Titel: *Du musst dich entspannen!* Das ist absurd, denn das »Muss« verhindert jede Entspannung. Aber solche Bücher verkaufen sich besonders gut in Amerika. »Muss« bedeutet Aktivität, etwas Zwanghaftes. Immer wenn es ein »Muss« gibt, verbirgt sich dahinter ein Zwang. Im Leben gibt es Aktion, aber ohne »Muss«, sonst würde man verrückt werden. *Du musst dich entspannen!* – da wird selbst Entspannung zur Besessenheit. Man muss eine bestimmte Körperhaltung einnehmen, muss sich flach hinlegen und dem Körper Entspannung suggerieren, von den Zehenspitzen bis zum Kopf. Man sagt den Zehen: »Entspannt euch!« und geht von da aufwärts.

Warum dieses »Muss«? Entspannung stellt sich nur ein, wenn es im Leben kein »Muss« gibt. Entspannung betrifft nicht nur den Körper, nicht nur den Verstand, sondern das ganze Wesen.

Der Verstand sollte lebendig und kreativ sein und gleichzeitig fähig, sich jederzeit in die Stille zu begeben, wenn er es möchte. Darin liegt die Meisterschaft. Wenn man denken will, kann man denken; wenn man nicht denken will, kann man auf Nicht-Denken umschalten. Ein wahrer Meister kann beides.

Du bist überaktiv und natürlich bist du deshalb müde, erschöpft, ausgebrannt, wie erstarrt. Die Lebensenergie fließt nicht richtig. Da gibt es Blockaden über Blockaden über Blockaden. Und immer wenn du etwas machst, geschieht es in einem Zustand der Verrücktheit. Kein Wunder, dass du dann das dringende Bedürfnis hast, dich zu entspannen! Deshalb erscheinen jeden Monat so viele Bücher über Entspannung. Doch ich habe noch nie jemanden gesehen, der sich durch das Lesen eines Buches über Entspannung entspannt hätte. Davon wird man höchstens noch hektischer, denn die ganze Aktivität im Leben bleibt davon unberührt und dieser krankhafte Zwang zur Aktivität bleibt weiter bestehen, obwohl man so tut, als würde man sich entspannen. Man legt sich flach hin, im Innern ein einziges Chaos, ein Vulkan, der jederzeit ausbrechen kann, und versucht sich zu entspannen, indem man die Anweisungen eines Buches befolgt: »Wie man sich entspannt«.

Kein Buch kann dir helfen, dich zu entspannen. Erst wenn du anfängst, in deinem inneren Wesen zu lesen … aber dann ist Entspannung kein »Muss«. Entspannung ist eine Abwesenheit, die Abwesenheit von Aktivität. Nicht von Aktion, wohlgemerkt. Und dazu braucht man nicht in den Himalaja zu gehen.

Manche Leute machen das; um sich zu entspannen, gehen sie in den Himalaja. Wozu sollte es gut sein, sich in den Himalaja zurückzuziehen? Es geht ja nicht darum, die Aktion, das Handeln aufzugeben, denn wer das Handeln aufgibt, gibt das Leben auf. Dann ist man tot, aber nicht entspannt. Im Himalaja trifft man Heilige, die wie tot sind, aber nicht entspannt. Sie sind bloß vor dem Leben davongelaufen, vor der Aktion.

Ich habe noch nie jemanden gesehen, der sich durch das Lesen eines Buches über Entspannung entspannt hätte. Davon wird man höchstens noch hektischer, denn die ganze Aktivität im Leben bleibt davon unberührt und dieser krankhafte Zwang zur Aktivität bleibt weiter bestehen, obwohl man so tut, als würde man sich entspannen.

Das ist der feine Unterschied, den du verstehen musst: Die Aktivität muss verschwinden, nicht die Aktion. Beides zusammen aufzugeben ist einfach. Du kannst beides aufgeben und dich in den Himalaja flüchten, das ist einfach. Oder, was auch einfach ist: Du kannst die Aktivität beibehalten und dich jeden Morgen und jeden Abend zu ein paar Minuten Entspannung zwingen. Dann hast du aber nicht die Komplexität und Funktionsweise des menschlichen Verstandes begriffen. Entspannung ist ein Zustand. Du kannst ihn nicht erzwingen. Du brauchst nur die negativen Seiten, die Hindernisse aufzugeben, dann wird er sich von selbst einstellen und in dir auftauchen.

Was tust du, wenn du abends schlafen gehst? Musst du etwas tun, um einzuschlafen? Wenn du etwas tust, dann wirst du mit Sicherheit Schlafstörungen haben und nicht einschlafen können. Was machst du? Du legst dich einfach hin und schläfst ein. Dazu ist kein »Tun« nötig. Wenn du es »tust«, wird Einschlafen unmöglich. Im Gegenteil, um einzuschlafen, ist es nötig, dass die Fortsetzung deiner Tagesaktivitäten im Denken aufhört, das ist alles. Wenn die Verstandesaktivität aufhört, entspannt sich der Denkapparat und du schläfst ein. Wenn du aber etwas tust, um einzuschlafen, wirst du Probleme haben; dann wird der Schlaf unmöglich.

Es ist überhaupt kein Tun nötig. Tilopa sagt: *»Tu nichts mit dem Körper, entspanne dich nur.«* Tu überhaupt nichts! Keine Yogastellungen, keine Verrenkungen und Verdrehungen des Körpers sind nötig. »Tu nichts!« – nur die Abwesenheit jeglicher Aktivität ist nötig. Und wie kommt das zustande? Durch Verstehen. Verstehen ist die einzig nötige Disziplin. Wenn du deine Aktivitäten verstehst, wird plötzlich, mitten in der Aktivität, in dem Moment, wo sie dir bewusst wird, diese Aktivität von allein aufhören. Und dieses Aufhören ist es, was Tilopa hier meint: *»Tu nichts mit dem Körper, entspanne dich nur.«*

Was ist Entspannung? Ein Zustand, in dem die Energie sich nirgendwo hinbewegt – weder in die Zukunft noch in die Vergangenheit. Sie ist einfach hier, bei dir. Du verweilst im stillen Teich deiner eigenen Energie, eingehüllt in ihre Wärme. Dieser Augenblick ist alles, es gibt keinen anderen. Die Zeit bleibt stehen. Entspannung stellt sich ein. Solange noch Zeit da ist, gibt es keine Entspannung. Doch die Uhr bleibt stehen, die Zeit ist nicht mehr da und dieser Augenblick ist alles. Dir fehlt nichts, du genießt es einfach. Du genießt das Gewöhnliche, weil es so schön ist. Es gibt dann allerdings nichts Gewöhnliches mehr – alles ist außergewöhlich.

Entspannung ist ein Zustand. Du kannst ihn nicht erzwingen. Du brauchst nur die negativen Seiten, die Hindernisse aufzugeben, dann wird er sich von selbst einstellen und in dir auftauchen.

Die Leute kommen zu mir und fragen: »Glaubst du an Gott?« Ich sage: »Ja, denn alles ist so außergewöhnlich. Wie könnte es das sein, wenn nicht alles von tiefem Bewusstsein durchdrungen wäre?« Die einfachen, kleinen Dinge ... im Gras zu laufen, wenn der Tau noch nicht verdunstet ist, und ganz da zu sein und zu fühlen – die Beschaffenheit des Rasens, seine Berührung, die Kühle der Tautropfen, den Morgenwind, die aufgehende Sonne. Was brauchst du mehr, um glücklich zu sein? Was könnte es noch mehr geben, um glücklich zu sein? Sich am Abend ins Bett zu legen, auf das kühle Laken, den Stoff zu fühlen und zu spüren, wie das Laken sich langsam erwärmt. Und du bist umhüllt von der Dunkelheit, von der Stille der Nacht … Du spürst dich einfach, mit geschlossenen Augen. Was brauchst du noch mehr? Das ist schon zu viel. Eine tiefe Dankbarkeit steigt in dir auf. Das ist Entspannung.

Entspannung bedeutet: Dieser Augenblick ist mehr als genug, mehr, als man erhoffen und erwarten konnte. Nichts bleibt zu wünschen übrig; es ist mehr als genug, mehr, als du dir wünschen kannst. Dann bewegt sich die Energie nirgendwohin; sie wird zu einem stillen Teich. Du löst dich in deiner eigenen Energie auf. Dieser Augenblick ist Entspannung.

Verstehen ist die einzig nötige Disziplin. Wenn du deine Aktivitäten verstehst, wird plötzlich, mitten in der Aktivität, in dem Moment, wo sie dir bewusst wird, diese Aktivität von allein aufhören. Und dieses Aufhören ist es, was Tilopa hier meint: »Tu nichts mit dem Körper, entspanne dich nur.«

Entspannung gehört weder zum Körper noch zum Verstand; Entspannung gehört zum Ganzen. Darum sagen die Erwachten immer wieder: »Werdet wunschlos«, denn sie wissen, dass ihr nicht entspannen könnt, solange Wünsche da sind. Sie sagen immer wieder: »Begrabt die Toten«, denn wenn ihr euch zu sehr mit der Vergangenheit beschäftigt, könnt ihr euch nicht entspannen. Sie sagen immer wieder: »Genießt diesen Augenblick!«

Jesus sagte: »Seht die Lilien, betrachtet die Lilien auf dem Felde – sie mühen sich nicht, doch sie sind schöner und von größerer Pracht als König Salomo. Sie sind eingehüllt in einen schöneren Duft, als König Salomo es je war. Schaut hin, betrachtet die Lilien!«

Damit sagte er nichts anderes als: »Entspannt euch!« Ihr braucht euch nicht abzumühen – es ist ja für alles gesorgt. Jesus sagte: »Wenn Gott sich um die Vögel in der Luft, um die Tiere, die wilden Tiere, um die Bäume, die Pflanzen kümmert, was macht ihr euch Sorgen? Wird er sich nicht auch um euch kümmern?« Das ist Entspannung. Warum macht ihr euch so viele Gedanken um die Zukunft? Seht die Lilien, betrachtet die Lilien und werdet wie sie – entspannt euch!

Entspannung ist keine bestimmte Haltung, Entspannung ist die totale Transformation deiner Energie.

Energie kann zwei Dimensionen haben. Die eine ist motiviert – sie geht irgendwohin, sie hat ein Ziel. Dieser Augenblick ist nur ein Mittel zum Zweck und irgendwo anders ist das Ziel, das es zu erreichen gilt. Das ist die eine Dimension deiner Energie, die Dimension der Aktivität – zielorientiert. Alles ist nur Mittel zum Zweck. Irgendwie muss man es schaffen und man muss das Ziel erreichen, dann wird man sich entspannen. Doch mit dieser Art von Energie wird das Ziel nie erreicht, denn diese Art von Energie wandelt jeden gegenwärtigen Augenblick in ein Mittel zu irgendeinem Zweck um, der in der Zukunft liegt. Das Ziel bleibt immer am Horizont. Man rennt und rennt, aber die Distanz bleibt immer die Gleiche.

Energie ist gut, Energie ist Entzücken, Energie ist göttlich. Wenn Energie frei wird, kann Kreativität geschehen. Energie bringt Intelligenz, Kreativität, Sensibilität; sie bringt alles Schöne.

Doch es gibt noch eine andere Dimension von Energie, die Dimension des unmotivierten Feierns. Das Ziel ist hier und jetzt, das Ziel ist nicht irgendwo anders. In der Tat, *du* bist das Ziel.

Ja, es gibt keine andere Erfüllung als diesen Augenblick. Schau die Lilien! Du bist das Ziel und das Ziel ist nicht in der Zukunft; es gibt nichts zu erreichen, sondern du brauchst nur zu feiern, denn du hast schon alles erreicht, es ist bereits da. Diese unmotivierte Energie – das ist Entspannung.

Energie braucht Arbeit, sonst wird die Energie zu Rastlosigkeit. Energie braucht Ausdruck, Energie muss kreativ sein. Sonst wird diese Energie, die in dir aufgestaut ist, zu einer Störung, einer Krankheit.

Für mich gibt es demnach zwei Sorten von Menschen: die Zielorientierten und die Feiernden. Die Zielorientierten sind Verrückte. Sie werden mit der Zeit wahnsinnig und ihren Wahnsinn haben sie selbst erzeugt. Ihr Wahnsinn bekommt seine eigene Dynamik und sie fallen immer tiefer hinein, bis sie sich völlig darin verlieren. Die andere Sorte Mensch ist nicht zielorientiert; er ist überhaupt kein Suchender, er ist ein Feiernder.

Seid Feiernde, feiert! Es ist schon alles da, und mehr als genug! Die Blumen blühen, die Vögel zwitschern, die Sonne steht am Himmel – feiert! Du atmest und bist lebendig und hast Bewusstsein – feiere! Dann entspannst du dich plötzlich. Dann gibt es keine Spannung mehr, keine Seelenqual. Die ganze Energie, die in die Seelenqual fließen könnte, fließt in die Dankbarkeit. Dein ganzes Herz pulsiert in tiefer Dankbarkeit – das ist Beten. Das bedeutet Beten: ein Herz, das in tiefer Dankbarkeit schlägt.

Tu nichts mit dem Körper, entspanne dich nur. Und dafür brauchst du überhaupt nichts zu tun. Verstehe einfach, wie die Energie sich bewegt, wie unmotivierte Energie sich bewegt. Sie fließt, aber nicht auf ein Ziel hin; sie fließt als Feiern. Sie ist in Bewegung, aber nicht auf ein Ziel hin; sie bewegt sich, weil sie überfließt.

Ein Kind tanzt und springt und rennt umher. Fragst du es: »Wo willst du hin?« – und es will nirgendwo hin –, dann wird es denken, du bist dumm. Kinder denken immer, die Erwachsenen sind dumm. Was für eine unsinnige Frage: »Wo willst du hin?« Muss man denn immer irgendwo hinwollen? Ein Kind hat auf diese Frage keine Antwort; es ist unwichtig. Es will nirgendwo hin. Es zuckt mit den Achseln und sagt einfach: »Nirgendwo.« Dann fragt der zielorientierte Verstand: »Aber warum rennst du dann so?« Denn für uns macht eine Aktivität nur Sinn, wenn sie irgendwo hinführt.

Und ich sage euch: Ihr müsst nirgendwo hinkommen. Es ist alles schon da. Die ganze Existenz gipfelt in diesem Augenblick, sie mündet in diesen Augenblick. Die ganze Existenz ergießt sich bereits in diesen Augenblick. Alles, was existiert, mündet in diesen Augenblick – alles ist hier und jetzt. Ein Kind genießt einfach die Energie. Es hat so viel davon! Es rennt nicht, weil es irgendwo hin muss, sondern weil es einen Überfluss an Energie hat; es muss einfach rennen.

Handle unmotiviert, aus reinem Überfluss an Energie. Gib, aber mach es nicht zu einem Kuhhandel, einem Tauschgeschäft. Gib, weil du so viel hast, nicht, um etwas zu bekommen, sonst wirst du unglücklich sein. Alle Geschäftemacher kommen in die Hölle. Die größten Geschäftemacher und Kuhhändler gehen zur Hölle; dort findet man sie wieder. Der Himmel ist nichts für Geschäftemacher, der Himmel ist für die Feiernden.

Eine Frage, die christliche Theologen jahrhundertelang immer wieder gestellt haben, ist: »Was tun die Engel im Himmel?«

Für zielorientierte Leute ist diese Frage relevant – »Was tun die Engel im Himmel?« Dort scheint man nichts zu tun, es gibt nichts zu tun. Jemand fragte Meister Eckhart: »Was tun die Engel im Himmel?« Er sagte: »Was bist du für ein Narr! Der Himmel ist ein Ort zum Feiern. Sie tun gar nichts. Sie feiern einfach – seine Pracht, seine Herrlichkeit, seine Poesie, seine Fülle – das feiern sie. Sie singen und tanzen und frohlocken.« Ich glaube aber nicht, dass dieser Mann mit Meister Eckharts Antwort zufrieden war, denn für uns ist eine Aktivität nur dann sinnvoll, wenn sie irgendwo hinführt, wenn es ein Ziel gibt.

Handle unmotiviert, aus reinem Überfluss an Energie. Gib, aber mach es nicht zu einem Kuhhandel, einem Tauschgeschäft. Gib, weil du so viel hast, nicht, um etwas zu bekommen, sonst wirst du unglücklich sein. Alle Geschäftemacher kommen in die Hölle.

Denke daran: Aktivität ist zielorientiert, Aktion ist es nicht. Aktion kommt aus einem Überfluss an Energie. Aktion kommt aus dem Augenblick heraus, als spontane Antwort ohne Vorbereitung, ohne Probe. Aus der Begegnung mit der ganzen Existenz, aus der Konfrontation mit ihr kommt deine Antwort. Die Vögel singen und auch du fängst zu singen an. Du machst es nicht; es geschieht einfach.

Plötzlich bemerkst du, dass es geschieht, dass du angefangen hast zu summen – das ist Aktion.

Und wenn du dich mehr und mehr auf Aktion verlegst und immer weniger auf Aktivität, dann verändert sich dein Leben und wird zu einer tiefen Entspannung. Dann »tust« du etwas, aber du bist entspannt dabei.

Ein Buddha ist nie müde. Wieso? Weil er kein Aktivist ist, kein Macher. Er gibt alles, was er hat; er fließt über.

Tu nichts mit dem Körper, entspanne dich nur. Schließe fest den Mund und bleibe still. Der Mund ist wirklich sehr bedeutsam, weil dort alle Aktivität ihren Anfang nimmt. Mit den Lippen hat deine erste Aktivität begonnen. Um den Mund herum hat alle Aktivität angefangen: der erste Atemzug, der erste Schrei, das erste Tasten nach der Mutterbrust. Der Mund bleibt immer in rastloser Aktivität. Deshalb dieser Hinweis Tilopas: »Verstehe Aktivität, verstehe Aktion, entspanne dich und … *Schließe fest den Mund.*«

Wenn du dich mehr und mehr auf Aktion verlegst und immer weniger auf Aktivität, dann verändert sich dein Leben und es wird zu einer tiefen Entspannung. Dann »tust« du etwas, aber du bist entspannt dabei. Ein Buddha ist nie müde. Wieso? Weil er kein Aktivist ist, kein Macher. Er gibt alles, was er hat; er fließt über.

Wenn du dich zum Meditieren hinsetzt, wenn du still sein willst, musst du als Erstes den Mund fest zumachen. Wenn du den Mund schließt, berührt deine Zunge den Gaumen. Die Lippen sind vollkommen geschlossen und die Zunge berührt den Gaumen. Schließe den Mund vollkommen – aber das kannst du erst, wenn du befolgst, was ich sage.

Du kannst den Mund schließen, das ist keine große Anstrengung. Du kannst wie eine Statue dasitzen, mit vollkommen geschlossenem Mund, aber allein dadurch hört die Aktivität nicht auf. Innerlich wird das Denken weitergehen, und wenn das Denken weitergeht, kannst du ein feines Vibrieren an den Lippen spüren. Andere können das vielleicht nicht wahrnehmen, weil es so subtil ist, aber wenn du denkst, zittern deine Lippen ein bisschen, ein ganz feines Zittern.

Wenn du wirklich entspannt bist, hört das Zittern auf. Dann redest du nicht mehr, dann gibt es innerlich keine Aktivität mehr. *Schließe fest den Mund und bleibe still* – und hör auf zu denken.

Wie soll das gehen? Die Gedanken kommen und gehen. Lass sie kommen und gehen, das ist kein Problem. Aber verwickle dich nicht, bleibe unbeteiligt und distanziert. Du beobachtest einfach nur, wie sie kommen und gehen, so als ginge dich das gar nichts an. Schließe den Mund und bleibe still. Nach und nach werden die Gedanken automatisch aufhören. Sie sind auf deine Mitwirkung angewiesen, um da zu sein. Wenn du mitwirkst, sind sie da, und auch wenn du kämpfst, sind sie da, denn beides beruht auf deiner Mitwirkung – das eine dafür, das andere dagegen. Beides sind Formen von Aktivität. Beobachte einfach.

Doch das Schließen des Mundes ist sehr hilfreich. Zunächst einmal – und das kommt aus meiner Beobachtung von vielen Menschen – empfehle ich dir, kräftig zu gähnen. Öffne den Mund, so weit du kannst, reiße ihn so weit wie möglich auf und gähne so kräftig, dass es fast weh tut. Mache das zwei, drei Mal. Dann fällt es dir leichter, den Mund längere Zeit geschlossen zu halten. Und dann fang an, zwei bis drei Minuten laut vor dich hin zu sprechen, völlig unsinniges Zeug, Kauderwelsch, was auch immer dir in den

Sinn kommt. Sag es laut und hab deinen Spaß daran. Und danach schließe den Mund.

Es ist einfacher, die Sache vom anderen Ende her anzugehen. Wenn man seine Hand entspannen will, ist es leichter, sie erst so stark wie möglich anzuspannen: Man ballt die Faust und drückt sie so fest wie möglich zusammen. Man tut das genaue Gegenteil und dann entspannt man sich. Auf diese Weise stellt sich eine tiefere Entspannung des Nervensystems ein. Mache also Gesten und schneide Grimassen, verziehe das Gesicht und spanne es an, gähne und rede zwei bis drei Minuten Kauderwelsch – und dann schließe den Mund. Diese ganze Anspannung trägt dazu bei, Lippen und Mund zu entspannen. Dann schließe den Mund und sei nur noch der Beobachter. Bald wird Stille über dich kommen.

Es gibt zwei Arten von Stille. Das eine ist eine erzwungene Stille, und sie ist nicht gerade sanft. Sie ist eine Gewaltanwendung, eine Art Vergewaltigung des Verstandes; sie ist aggressiv. Dann gibt es noch die andere Art von Stille und sie senkt sich wie die Nacht auf dich herab. Sie kommt über dich und hüllt dich ein. Du machst dich nur dafür bereit, machst dich empfänglich und dann kommt sie. Schließe den Mund und beobachte. Versuche gar nicht, still zu werden. Wenn du es versuchst, kannst du zwar ein paar Sekunden Stille erzwingen, aber das hat keinen Wert. In deinem Innern wird es weiter brodeln. Darum versuche nicht, still zu werden. Du musst einfach nur die Situation herstellen, den Boden bereiten, den Samen pflanzen – und dann warten.

Leere den Geist und denke an nichts.

Was willst du tun, um den Geist zu leeren? Die Gedanken kommen und du beobachtest sie. Dieses Beobachten muss mit einer bestimmten Einstellung geschehen: Das Beobachten muss passiv sein, es darf nicht aktiv sein. Diese Mechanismen sind sehr subtil und man muss es richtig verstehen, sonst kann man alles Mögliche falsch machen. Wenn man nur eine Kleinigkeit übersieht, bekommt das Ganze eine andere Qualität.

Beobachte – beobachte passiv und nicht aktiv. Was ist der Unterschied?

Wenn du auf deine Freundin wartest, auf deine Geliebte, dann beobachtest du aktiv. Sobald jemand an deiner Tür vorbeikommt, springst du auf, um nachzusehen, ob sie da ist. Ein leises Rascheln der Blätter im Wind und du hast das Gefühl: Vielleicht ist sie das! Immer wieder springst du auf; dein Verstand ist ungeduldig und sehr aktiv. Nein, nicht so. Wenn du zu ungeduldig und zu aktiv bist, bringt es dich nicht zu der Stille, die ich meine.

Sei passiv. Es ist, wie wenn du am Ufer eines Flusses sitzt, und der Fluss fließt vorbei und du schaust einfach zu. Da ist keine Ungeduld, keine Dringlichkeit, keine Not. Niemand drängt dich. Selbst wenn du es verpasst, verpasst du gar nichts. Du beobachtest einfach, du schaust bloß zu. Selbst das Wort »beobachten« stimmt nicht ganz, weil allein dieses Wort schon ein Gefühl von Aktivsein gibt. Du schaust einfach hin, denn du hast nichts anderes zu tun. Du sitzt einfach am Ufer des Flusses und schaust zu, wie der Fluss vorbeifließt.

Oder du schaust in den Himmel und siehst, wie die Wolken dahinziehen. Und zwar passiv! Dieses Passivsein ist sehr wesentlich. Das muss man verstehen, denn der Zwang zur Aktivität kann zu Ungeduld werden, zu aktivem Warten. Aber dann verpasst man das Wesentliche; dann hat sich der Aktivismus durch die Hintertür wieder eingeschlichen.

Sei also ein passiver Beobachter: *Leere den Geist und denke an nichts.*

Durch diese Passivität wird sich dein Geist automatisch leeren. Das Wellengekräusel der Aktivität, die Wellen der Gedankenenergie werden sich allmählich beruhigen, bis die ganze Oberfläche deines Bewusstseins ohne Wellen, ohne Gekräusel ist. Es wird zu einem stillen Spiegel.

Weiter sagt Tilopa:

Wie ein hohler Bambus ruhe entspannt im Körper.

Das ist eine von Tilopas speziellen Methoden. Jeder Meister hat seine eigene spezielle Methode, durch die er selbst zur Verwirklichung gelangt ist und mit der er anderen helfen möchte. Dies ist Tilopas Spezialität: *Wie ein hohler Bambus ruhe entspannt im Körper* – ein Bambus, der innen vollkommen hohl ist. Wenn du entspannt ruhst, fühlst du dich wie ein Bambus, der innen völlig hohl und leer ist. Und so ist es tatsächlich: Dein Körper ist wie ein Bambusrohr, das innen ganz hohl ist. Deine Haut, deine Knochen, dein Blut – das alles gehört zum Bambus, und im Innern ist ein Hohlraum, eine Leere.

Wenn du mit völlig unbewegtem Mund dasitzt, inaktiv, die Zunge am Gaumen, ganz still, ohne die geringste Regung der Gedanken, und du beobachtest passiv den Verstand und wartest auf nichts Bestimmtes, dann fühlst du dich wie ein hohler Bambus. Mit einem Mal beginnt eine grenzenlose Energie in dich einzuströmen. Du wirst erfüllt vom Unbekannten, vom Geheimnisvollen, vom Göttlichen. Der hohle Bambus wird zu einer Flöte, auf der das Göttliche zu spielen beginnt. Sobald du leer bist, gibt es keine Barriere mehr und das Göttliche kann in dich eintreten.

Versuche es! Dies ist eine der schönsten Meditationen: Werde zu einem hohlen Bambus. Du brauchst nichts anderes zu tun. Werde einfach zum Bambus – alles andere passiert dann von selbst. Plötzlich fühlst du, wie sich in der Leere etwas auf dich herabsenkt. Du fühlst dich wie ein Mutterschoß, in den neues Leben eintritt; ein Same fällt auf dich herab. Und schließlich kommt der Augenblick, in dem der Bambus vollends verschwindet.

Wie ein hohler Bambus ruhe entspannt im Körper. Ruhe entspannt – wünsche dir keine spirituellen Dinge, wünsche dir nicht den Himmel, wünsche dir nicht einmal Gott. Man kann sich Gott nicht wünschen. Wenn du wunschlos bist, kommt er zu dir. Man kann sich die Befreiung nicht wünschen, denn im Wünschen besteht die Unfreiheit. Wenn du wunschlos bist, bist du befreit. Man kann sich die Buddhaschaft nicht wünschen, denn das Wünschen selbst ist das Hindernis. Wenn dieses Hindernis nicht mehr da ist, explodiert plötzlich der Buddha in dir. Du trägst den Samen schon in dir. Wenn du leer bist, wenn die Leere da ist, explodiert der Same.

Tilopa sagt:

Wie ein hohler Bambus ruhe entspannt im Körper.
Ohne zu geben oder zu nehmen, lass deinen Verstand ruhen.

Da gibt es nichts zu geben, nichts zu bekommen. Alles ist absolut gut, so wie es ist. Es ist unnötig, irgendetwas zu geben oder zu nehmen. Du bist absolut vollkommen, so wie du bist.

Diese östliche Lehre wurde im Westen völlig missverstanden. Man hat gesagt: »Was ist das denn für eine Lehre? Dann werden die Menschen sich nicht mehr bemühen, sie werden nicht mehr nach Höherem streben. Sie werden sich nicht mehr die Mühe machen, ihren Charakter zu verändern und ihre bösen Seiten in gute Seiten umzuwandeln. Dann fallen sie leicht dem Teufel zum Opfer!« Im Westen gilt das

Motto: »Bessere dich!« – sei es in Bezug auf diese Welt oder in Bezug auf die andere Welt, aber man muss sich bessern! Wie kann man besser werden? Wie kann man immer größer und großartiger werden?

Im Osten haben wir ein tieferes Verständnis davon, dass jegliche Bemühung, etwas zu »werden«, das Hindernis ist. Du trägst ja schon dein Sein in dir, du musst es nicht erst werden! Erkenne einfach, wer du bist, das ist alles. Erkenne einfach, was in dir verborgen ist. Wenn du besser werden willst – egal, in welcher Hinsicht –, wirst du immer voller Sorge und Spannung sein, weil die bloße Anstrengung, besser zu werden, dich auf einen falschen Weg führt. Sie verlagert den Sinn in die Zukunft, verlagert den Sinn auf ein Ziel, auf ein Ideal – und damit verlagert sich dein Denken auf Wünsche.

Im Wünschen verpasst du es. Lass das Wünschen ruhen, werde zu einem stillen Teich der Wunschlosigkeit – und du wirst dich wundern: Plötzlich, ganz unerwartet, ist es da! Und du wirst ein tiefes Lachen aus dem Bauch erleben, so wie Bodhidharma einst gelacht hat. Seine Anhänger sagen: Wenn du still wirst, kannst du Bodhidharmas schallendes Gelächter hören. Er lacht immer noch. Er hat nie mehr aufgehört zu lachen. Und er lachte, denn: »Ist das nicht ein Witz? Du bist ja schon das, was du zu werden versuchst! Wie kannst du es schaffen, das zu werden, was du schon bist? Dein Scheitern ist absolut sicher. Wie kannst du werden, was du schon bist?« Deswegen lachte Bodhidharma.

Bodhidharma war ein Zeitgenosse von Tilopa. Sie könnten sich gekannt haben – vielleicht nicht körperlich, aber sie müssen sich gekannt haben. Sie sind von der gleichen Seinsqualität.

Tilopa sagt:

Ohne zu geben oder zu nehmen, lass deinen Verstand ruhen.

Mahamudra gleicht dem Bewusstsein, das an nichts haftet.

Du hast es erreicht, wenn du an nichts haftest – wenn du das Nichts in Händen hältst, hast du es erreicht.

Mahamudra gleicht dem Bewusstsein, das an nichts haftet.

Wer das praktiziert, erreicht zur rechten Zeit die Buddhaschaft.

Was soll man also praktizieren? Sich mehr und mehr zu entspannen. Mehr und mehr im Hier und Jetzt zu sein. Mehr und mehr im Tun zu sein, in Aktion, und immer weniger im Machen, in der Aktivität. Mehr und mehr durchlässig zu sein, leer und passiv. Mehr und mehr der Beobachter zu sein – unbeteiligt, ohne Erwartungen und Wünsche. Mit sich selbst zufrieden zu sein, so wie man ist. Zu feiern.

Dann wirst du irgendwann, wenn die Dinge zur Reife kommen und der rechte Zeitpunkt gekommen ist, zu einem Buddha erblühen.

Handeln im Einklang mit der Natur

Kreativität ist ein sehr paradoxer Zustand von Bewusstsein und Sein. Kreativität ist Tun durch Nicht-Tun – was Laotse *Wei-wu-wei* nennt. Kreativität bedeutet, etwas durch dich geschehen zu lassen. Es ist kein Tun, es ist ein Zulassen. Es bedeutet, zu einem Kanal zu werden, durch den das Ganze hindurchfließen kann. Es bedeutet, ein hohler Bambus zu werden, einfach ein hohler Bambus.

Dann beginnt sofort etwas zu geschehen, denn hinter dem Menschen verbirgt sich Gott. Mach ihm einfach ein wenig Platz, eine kleine Öffnung, dass er durch dich hindurchkommen kann – das bedeutet Kreativität. Zulassen, dass Gott geschehen kann, das ist Kreativität. Kreativität ist ein religiöser Zustand.

Darum sage ich: Der Poet ist Gott viel näher als der Theologe, und der Tänzer noch näher. Am weitesten entfernt ist der Philosoph, denn je mehr man denkt, umso dicker ist die Wand, die man zwischen sich und dem Ganzen errichtet. Je mehr du denkst, desto mehr *bist* du. Das Ego ist nichts anderes als sämtliche Gedanken, die du in der Vergangenheit angehäuft hast. Wenn du nicht bist, ist Gott – das ist Kreativität.

Je mehr du denkst, desto mehr bist du. Das Ego ist nichts anderes als sämtliche Gedanken, die du in der Vergangenheit angehäuft hast. Wenn du nicht bist, ist Gott – das ist Kreativität.

Kreativität bedeutet einfach, total entspannt zu sein. Es bedeutet nicht Untätigkeit, es bedeutet Entspannung – denn aus der Entspannung entsteht viel Tun, aber du machst es nicht. Du bist nur ein Werkzeug. Ein Lied fängt an, durch dich hindurchzufließen, aber du bist nicht sein Schöpfer; es kommt vom Jenseits. Es kommt immer vom Jenseits. Wenn *du* es erschaffst, ist es gewöhnlich, profan. Aber wenn es durch dich nur hindurchfließt, ist es von erhabener Schönheit; dann kündet es von dem Unbekannten.

Als der große Dichter Coleridge starb, hinterließ er Tausende von unvollendeten Gedichten. Oftmals in seinem Leben hatte man ihn gefragt: »Warum vollendest du diese Gedichte nicht?«, denn bei manchen Gedichten fehlten bloß ein oder zwei Zeilen. »Warum vollendest du sie nicht?« Er sagte dann immer: »Ich kann nicht. Ich habe es versucht, aber wenn *ich* sie vollende, dann läuft etwas schief, irgendetwas stimmt dann nicht. Die Zeile, die von mir stammt, harmoniert nie mit dem, was durch mich hindurchgeflossen ist. Es ist wie ein Stolperstein, ein Felsbrocken, der den Fluss behindert. Ich kann also nur warten. Erst wenn jener, der durch mich hindurchgeflossen ist, wieder zu fließen anfängt und das Gedicht vollendet, kann es vollendet werden, nicht eher.«

Er hat nur einige wenige Gedichte vollendet, aber diese sind von erlesener Schönheit, von erhabener mystischer Größe. So war es schon immer: Wenn der Dichter verschwindet, geschieht Kreativität. Dann ist er besessen – ja, das ist das Wort: »besessen«. Von Gott besessen zu sein – das ist Kreativität.

Die Natur gibt jedem Menschen Energie für Kreativität. Sie wird erst dann destruktiv, wenn sie behindert wird, wenn man ihren natürlichen Fluss nicht zulässt.

Simone de Beauvoir hat gesagt: »Das Leben trachtet einerseits danach, sich selbst fortzupflanzen, und andererseits, über sich selbst hinauszuwachsen. Wenn es nur sich selbst erhält, dann bedeutet Leben lediglich, nicht zu sterben.«

Ein Mensch, der nicht schöpferisch ist, ist nur einer, der nicht stirbt, aber sein Leben hat keine Tiefe. Sein Leben ist noch gar kein Leben, sondern erst das Vorwort. Das Buch seines Lebens hat noch gar nicht angefangen. Er ist zwar geboren, aber er ist noch nicht lebendig.

Wenn du schöpferisch wirst, wenn du zulässt, dass Kreativität durch dich geschehen kann ... Du fängst an, ein Lied zu singen, das nicht »dein« Lied ist, du kannst es nicht mit deiner Signatur versehen, kannst nicht sagen: »Es ist mein eigenes Lied«, kannst nicht deinen Namen darunter setzen ... Dann schwingt sich das Leben empor, dann bekommt es Flügel. In der Kreativität liegt das Über-sich-selbst-Hinauswachsen; sonst können wir uns höchstens fortpflanzen. Ein Kind zu zeugen ist nicht Kreativität. Du wirst sterben und das Kind wird bleiben, um das Leben fortzupflanzen. Es genügt aber nicht, sich bloß fortzupflanzen – man muss über sich selbst hinauswachsen. Und dieses Über-sich-selbst-Hinauswachsen geschieht nur, wenn etwas Jenseitiges mit dir in Kontakt tritt.

Das bedeutet Transzendenz – dieses Über-sich-selbst-Hinauswachsen. Und in diesem Über-sich-Hinauswachsen geschieht das Wunder: *Du* bist nicht mehr und gleichzeitig *bist* du zum ersten Mal.

Das Wesen von Weisheit besteht darin, im Einklang mit der Natur zu handeln. Das ist die Botschaft aller großen Mystiker – Laotse, Buddha, Bahaudin, Sosan, Sanai: Wie man im Einklang mit der Natur handelt. Die Tiere tun es unbewusst, sie sind im Einklang mit der Natur. Der Mensch muss lernen, sein Tun ganz bewusst in Einklang mit der Natur zu bringen. Und weil der Mensch Bewusstsein besitzt, hat er auch die Wahl, nicht im Einklang zu handeln. Darin besteht seine große Verantwortung.

Der Mensch hat Verantwortung, und nur der Mensch hat Verantwortung. Das macht seine Größe aus. Keines der anderen Tiere ist verantwortlich wie er. Ihr Tun ist im Einklang, sie können gar nicht anders. Die Tiere können nicht in die Irre gehen; sie sind nicht fähig, in die Irre zu gehen, denn dazu fehlt ihnen das Bewusstsein. Sie funktionieren so, wie du im Tiefschlaf funktionierst.

Im Tiefschlaf fällst auch du in Einklang mit der Natur. Darum ist der Tiefschlaf so verjüngend, so entspannend. Nach ein paar Minuten Tiefschlaf bist du wieder jung und frisch. Der ganze Staub, den du angesammelt hattest, alle Müdigkeit und Langeweile sind verschwunden. Du bist in Kontakt getreten mit dem Ursprung.

Dies ist jedoch eine tierhafte Methode, mit dem Ursprung in Kontakt zu treten. Der Schlaf entspricht der Art, wie Tiere mit dem Ursprung in Kontakt treten. Tiere leben horizontal, der Mensch lebt vertikal. Wenn du einschlafen willst, musst du dich in eine horizontale Lage begeben. Nur in der Horizontalen kannst du einschlafen; im Stehen kannst du nicht einschlafen, das ist zu schwierig. Du musst Jahrmillionen zurückgehen, musst wieder zum Tier werden. Horizontal, parallel zur Erde, verlierst du plötzlich das Bewusstsein; dann bist du nicht mehr verantwortlich.

Genau das war der Grund, warum Sigmund Freud für seine Patienten die Couch gewählt hat. Es ging nicht um die Bequemlichkeit des Patienten; es war eine Strategie. Sobald der Patient sich in die Horizontale begibt, ist er nicht mehr verantwortlich. Solange er sich nicht völlig frei fühlt, alles sagen zu können, gibt er nichts aus dem Unterbewusstsein preis. In der Vertikalen behält er die Kontrolle und beurteilt ständig, was er sagen will und was nicht. Er wird alles zensieren. Auf der Couch, in der Horizontalen, mit dem Psychoanalytiker unsichtbar im Hintergrund, wird er wieder zum Tier und gibt seine Verantwortung ab. Dann fängt er an, Dinge hervorzusprudeln, die er sonst nie im Leben einem Fremden erzählt hätte.

Er fängt an, Dinge von sich zu geben, die tief aus seinem Unterbewusstsein kommen; all die unbewussten Dinge kommen an die Oberfläche. Es war eine Strategie Freuds, den Patienten so hilflos werden zu lassen wie ein Kind oder wie ein Tier.

Wenn man sich nicht verantwortlich fühlt, wird man natürlich. In dieser Hinsicht erfüllt die Psychotherapie eine hilfreiche Aufgabe: Sie entspannt euch. Alles Unterdrückte kommt an die Oberfläche, und sobald es an die Oberfläche gelangt, löst es sich auf. Wenn man eine Psychoanalyse macht, fühlt man sich weniger beladen. Man wird natürlicher, kommt mehr in Einklang mit der Natur und mit sich selbst. Und das bedeutet, gesund zu sein.

Es ist aber ein Rückschritt, eine Regression, ein Weg durch den Keller. Doch es gibt noch einen anderen Weg, über sich selbst hinauszugehen, und dieser Weg führt über das Dachgeschoss – nicht der Weg des Sigmund Freud, sondern der Weg des Buddha. Man kann über sich selbst hinausgehen, indem man ganz bewusst mit der Natur in Kontakt tritt.

Das Wesen von Weisheit ist, im Einklang mit der Natur zu sein, mit dem natürlichen Rhythmus des Universums. Und immer dann, wenn du im Einklang mit dem natürlichen Rhythmus des Universums bist, wirst du zum Dichter, zum Maler, zum Musiker, zum Tänzer.

Mache einen Versuch. Setze dich mal neben einen Baum und lass dich bewusst in Harmonie mit ihm fallen. Werde eins mit der Natur, lass die Grenzen sich auflösen. Werde zum Baum, werde zum Gras, werde zum Wind – dann wirst du plötzlich erleben, dass etwas mit dir geschieht, was noch nie geschehen ist. Plötzlich hast du einen psychedelischen Blick: Die Bäume sind grüner als je zuvor, die Rosen rosiger und alles scheint zu leuchten. Plötzlich möchtest du ein Lied singen, ohne zu wissen, woher es kommt. Deine

Füße wollen tanzen und in deinen Adern pulsiert ein summender Tanz. Innen und außen hörst du den Klang von Musik.

Das ist der Zustand von Kreativität. Man könnte sagen, ihre grundlegende Eigenschaft ist es, im Einklang mit der Natur zu sein, in Harmonie mit dem Leben zu sein, mit dem Universum.

Das Wesen von Weisheit ist, im Einklang mit der Natur zu sein, mit dem natürlichen Rhythmus des Universums. Und immer dann, wenn du im Einklang mit dem natürlichen Rhythmus des Universums bist, wirst du zum Dichter, zum Maler, zum Musiker, zum Tänzer.

Laotse hat einen schönen Namen dafür: *Wei-wu-wei*, Tun durch Nicht-Tun. Darin besteht das Paradox der Kreativität. Wenn man einem Maler beim Malen zuschaut, ist er natürlich aktiv, absolut aktiv, wie besessen aktiv – er geht völlig im Tun auf. Oder wenn man einem Tänzer beim Tanzen zuschaut – er geht völlig im Tun auf. Und dennoch ist in der Tiefe keiner, der handelt, keiner, der irgendetwas macht – da ist nur Stille. Darum nenne ich Kreativität einen paradoxen Zustand.

Alle wunderbaren Zustände sind paradox. Je höher man sich entwickelt, umso tiefer tritt man in das Paradox der Wirklichkeit ein – höchstes Aktivsein, gepaart mit höchster Entspannung. An der Oberfläche geschieht viel Tun, doch in der Tiefe geschieht gar nichts – oder nur *Nichts* geschieht. Einer Kraft nachzugeben, die nicht deine eigene ist, dich einer Macht hinzugeben, die jenseits von dir liegt – das ist Kreativität.

Meditation ist Kreativität. Wenn das Ego verschwindet, verschwindet auch die Wunde in dir. Du wirst geheilt, du wirst heil. Das Ego ist deine Krankheit. Und wenn das Ego verschwindet, stehst du nicht mehr wie unter einem Bann; du kommst ins Fließen. Du fängst an, mit dem ungeheuren Strom der Existenz mitzufließen.

Wenn man einem Maler beim Malen zuschaut, ist er natürlich aktiv, absolut aktiv, wie besessen aktiv – er geht völlig im Tun auf. Oder wenn man einem Tänzer beim Tanzen zuschaut – er geht völlig im Tun auf. Und dennoch ist in der Tiefe keiner, der handelt, keiner, der irgendetwas macht – da ist nur Stille. Darum nenne ich Kreativität einen paradoxen Zustand.

Norbert Wiener hat gesagt: »Wir sind keine bleibende Substanz, sondern sich selbst fortpflanzende Muster, Wasserwirbel in einem ewig dahinströmenden Fluss.« Dann ist man kein Ego, sondern ein Ereignis oder ein Ereignisprozess. Man ist ein Prozess und kein Ding. Bewusstsein ist kein Ding, es ist ein Prozess – aber wir haben es zu einem Ding gemacht. Sobald man es »Ich« nennt, wird es zu einem Ding – festgelegt, begrenzt, unlebendig, stagnierend – der Anfang vom Sterben.

Das Ego ist dein Tod und der Tod des Egos ist der Anfang des wahren Lebens. Das wahre Leben ist Kreativität.

Um Kreativität zu lernen, braucht man keine Schule zu besuchen. Alles, was man braucht, ist, nach innen zu gehen und dem Ego zu helfen, dass es sich auflöst. Man darf es nicht unterstützen, darf es nicht weiter stärken und ihm Nahrung geben. Und sobald das Ego nicht mehr da ist, ist alles wahr, ist alles schön. Dann ist alles, was passiert, gut.

Damit sage ich nicht, dass jeder zu einem Picasso oder einem Shakespeare wird; das ist damit nicht gemeint. Manche werden Maler werden, manche werden Sänger werden, manche Musiker und manche Tänzer – aber darum geht es gar nicht. Jeder wird auf seine Weise schöpferisch sein. Selbst wenn du Koch bist, wird es kreativ sein. Selbst wenn du Straßenkehrer bist, wird es kreativ sein.

Es wird keine Langeweile geben. Du wirst auch in kleinen Dingen erfinderisch sein. Selbst das Putzen wird dann zu einer andächtigen Tätigkeit, zu einer Art Gebet, und alles, was du tust, hat den Geschmack von Kreativität. Wir brauchen nicht viele Maler. Wenn jeder ein Maler würde, wäre das Leben schwierig! Wir brauchen nicht nur Dichter, wir brauchen auch Gärtner, wir brauchen auch Bauern. Wir brauchen die verschiedensten Arten von Menschen. Doch jeder kann kreativ sein. Wenn er meditativ und egolos ist, kann Gott durch ihn hindurchfließen. Je nach den Fähigkeiten des Einzelnen, je nach seinem Potenzial, nimmt Gott alle möglichen Formen an – und alles ist gleich gut.

Du brauchst nicht berühmt zu werden. Ein wahrhaft kreativer Mensch kümmert sich kein bisschen darum, ob er berühmt wird; das ist nicht nötig. Er ist von dem, was er tut, so ungeheuer erfüllt, er ist mit dem, was er ist und wo er ist, so zufrieden, dass keine Wünsche offen bleiben. Wenn du kreativ bist, verschwinden alle Wünsche. Wenn du kreativ bist, verschwindet aller Ehrgeiz. Wenn du kreativ bist, bist du schon alles, was du je sein wolltest.

Fünf Hindernisse

Die Natur gibt jedem Menschen Energie für Kreativität.
Sie wird erst dann destruktiv, wenn sie behindert wird,
wenn man ihren natürlichen Fluss nicht zulässt.

1. Ichbewusstsein

Ichbewusstsein ist eine Krankheit. Bewusstsein ist Gesundheit, aber ichbewusst zu sein ist krank. Da ist etwas schief gelaufen. Ein Knoten ist entstanden, ein Komplex. Der Strom des Bewusstseins fließt nicht mehr auf natürliche Weise. Etwas Fremdes hat sich in den Strom des Bewusstseins eingeschlichen, etwas Fremdartiges, das vom Fluss nicht aufgenommen werden kann, das nicht zu einem Teil des Flusses werden kann. Etwas weigert sich, zu einem Teil dieses Flusses zu werden.

Ichbewusstsein ist morbide. Ichbewusstsein ist ein Zustand der Erstarrung, eine Blockade. Es ist wie ein schmutziger Tümpel, der nirgendwo hinfließt und nur noch austrocknet; er verdunstet und stirbt ab. Und er stinkt natürlich.

Das Erste, was man also verstehen muss, ist der Unterschied zwischen Ichbewusstsein und Bewusstsein.

Bewusstsein hat keine Vorstellung von »Ich«, kein Ego. Es hat keine Vorstellung, von der Existenz getrennt zu sein. Es kennt keine Hindernisse, kennt keine Grenzen. Es ist eins mit der Existenz, in einem tiefen Einssein mit ihr. Da ist kein Konflikt zwischen dem Individuum und dem Ganzen. Du fließt einfach mit dem Ganzen mit und das Ganze fließt in dir. Es ist wie das Atmen: Du atmest ein, du atmest aus. Wenn du einatmest, tritt das Ganze in dich ein, wenn du ausatmest, trittst du in das Ganze ein. Es ist ein ständiger Fluss, ein ständiger Austausch. Das Ganze hört nie auf, dir zu geben, und du hörst nie auf, dem Ganzen zu geben. Das Gleichgewicht geht nie verloren.

Doch bei einem ichbewussten Menschen ist etwas falsch gelaufen. Er nimmt alles in sich hinein, gibt aber nie etwas aus sich heraus. Er häuft immer mehr an und ist unfähig geworden zum Austausch. Er errichtet ständig neue Grenzen um sich herum, damit ihm keiner zu nahe kommt. Er sendet ständig Signale aus, um sein Wesen zu schützen: »Komm mir bloß nicht zu nahe!« So wird er allmählich zu einem Grab, einem toten Wesen – denn Leben bedeutet Austausch.

Das »Ich« ist ein totes Ding, nur dem Namen nach lebendig. Bewusstsein ist unendliches Leben, die ganze Fülle des Lebens. Es kennt keine Grenzen. Aber normalerweise sind alle Menschen ichbewusst.

Ichbewusst zu sein bedeutet, unbewusst zu sein. Dieses Paradox muss man verstehen: Ichbewusst zu sein bedeutet, unbewusst zu sein. Nicht ichbewusst zu sein – oder sich seines Selbst nicht bewusst zu sein – bedeutet, bewusst zu werden. Wenn es kein Selbst gibt, wenn dieses kleine, dieses winzige Selbst verschwindet, erlangt man das Wahre Selbst, groß geschrieben – man könnte es auch das Höchste Selbst nennen, das Selbst von Allem. Es ist also beides: Nicht-Selbst in dem Sinne, dass es nicht nur dein Selbst, sondern auch das Höchste Selbst, das Selbst von Allem ist. Man verliert sein kleines, unbedeutendes Zentrum und wird zum Zentrum der ganzen Existenz. Plötzlich ist man unendlich, plötzlich ist man nicht mehr begrenzt. Der Käfig, der dein Sein umgab, verschwindet und eine unendliche Kraft beginnt dich zu durchströmen. Du wirst zu einem Instrument – durchlässig, ohne Barrieren. Du wirst zur Flöte, auf der Krishna sein Lied spielt. Du wirst zu einem Kanal – hohl, mit nichts Eigenem gefüllt. Das nenne ich Hingabe.

Ichbewusstsein ist das Gegenteil von Hingabe – eine Haltung von Konflikt, Kampf und Streit. Wer gegen die Existenz kämpft, ist ichbewusst, und natürlich wird er immer und immer und immer wieder besiegt. Dann wird jeder weitere Schritt zu einer neuen Niederlage. Die Frustration ist gewiss, du bist von Anfang an zum Scheitern verurteilt, weil du das Selbst nicht gegen das ganze Universum aufrechterhalten kannst, das ist unmöglich. Du kannst nicht getrennt existieren. Du kannst kein Mönch sein.

»Mönch« ist ein gutes Wort. Man muss sich klarmachen, dass etliche Wörter dieselbe Wurzel haben, zum Beispiel »Monopol«, »Monolog«, »monastisch«, »Mönch«. Ein Mönch ist jemand, der versucht, ganz auf sich allein gestellt zu leben. Er versucht, Grenzen aufrechtzuerhalten und völlig unabhängig von der ganzen Existenz zu sein. Sein ganzes Streben ist egoistisch und zum Scheitern verurteilt. Ein Mönch kann niemals Erfolg haben.

Nur *mit* Gott kann man Erfolg haben, niemals gegen ihn. Nur *mit* dem Ganzen kann man Erfolg haben, niemals gegen es. Wenn du also frustriert und total unglücklich bist, dann bedenke eines: Du erzeugst dir dein Unglück selbst. Und du machst es mit einem subtilen Trick – indem du gegen das Ganze kämpfst.

Einmal geschah es – es war wohl während der Regenzeit –, dass der Fluss, der durch das Dorf floss, Hochwasser führte.

Da kamen die Leute zu Mulla Nasruddin gelaufen und riefen: »Deine Frau ist in den reißenden Fluss gefallen! Lauf schnell hin und rette sie!«

Nasruddin lief hin und er sprang in den Fluss und fing an, stromaufwärts zu schwimmen. Die Leute am Ufer riefen: »Was machst du denn, Nasruddin? Deine Frau kann doch nicht stromaufwärts treiben! Du musst stromabwärts suchen!«

Nasruddin erwiderte: »Ach, was wisst ihr denn! Da kenne ich meine Frau besser! Sie kann nur gegen den Strom schwimmen!«

Das Ego trachtet immer gegen den Strom zu schwimmen. Die Menschen halten nichts von einfachen Dingen. Wenn sie etwas anfangen, machen sie es sich immer schwer – schwerer, als es ist. Die Leute lieben es, das Schwierige zu tun. Und weshalb? Weil man, wenn man mit einer schwierigen Sache konfrontiert ist, ein starkes, raffiniertes Ego entwickelt – es ist eine Herausforderung.

Nachdem die erste Mannschaft den Gipfel des Mount Everest erreichte, wurde Edmund Hillary gefragt: »Weshalb haben Sie ein solches Risiko auf sich genommen? Es war gefährlich. Viele vor Ihnen sind schon gestorben und haben das Ziel nicht erreicht.« Der Fragende konnte nicht begreifen, warum immer wieder Leute versuchen, den Mount Everest zu besteigen, und dafür ihr Leben riskieren. Was soll das für einen Sinn haben? Was bringt einem das?

Edmund Hillary soll darauf geantwortet haben: »Solange der Everest nicht bezwungen ist, lässt es uns keine Ruhe. Wir müssen ihn bezwingen!« Dort gibt es nichts zu holen, aber allein die Existenz des unbezwungenen Everest ist eine große Herausforderung. Und für wen? Für das Ego.

Nur mit Gott kannst du Erfolg haben, niemals gegen ihn. Nur mit dem Ganzen kannst du Erfolg haben, niemals gegen es.

Schau dir dein eigenes Leben an – wie viele Dinge du nur für das Ego tust. Du möchtest ein großes Haus bauen. Das Haus, in dem du wohnst, mag völlig ausreichen, doch du willst einen großen Palast. Dieser große Palast ist nicht für dich, er ist für das Ego. So wie du jetzt lebst, hast du es eigentlich ganz bequem, und trotzdem hortest du immer mehr Geld. Dieses Geld ist nicht für dich, dieses Geld ist für das Ego. Solange du nicht der reichste Mann auf der Welt geworden bist, hast du keine Ruhe.

Aber was wirst du machen, wenn du der reichste Mann auf der Welt geworden bist? Du wirst immer unglücklicher werden, denn Kampf bringt immer nur Unglück. Unglück ist ein Hinweis dafür, dass du kämpfst. Gib also nicht anderen Dingen die Schuld. Die Leute sind sehr gut darin, zu rationalisieren. Wenn sie unglücklich sind, sagen sie: »Was können wir dafür? Das Karma unserer früheren Leben ist schuld, dass wir unglücklich sind.« Alles Unsinn! Das Karma deiner früheren Leben hat dich unglücklich gemacht – aber in früheren Leben! Weshalb sollte es bis heute warten? Das ergibt keinen Sinn. Es ist dein *gegenwärtiges* Karma, das dich unglücklich macht! Die Schuld auf frühere Leben zu schieben, macht die Sache leicht. Was kannst du dafür? Du bist so, wie du bist – daran lässt sich nichts mehr ändern! Was vergangen ist, lässt sich nicht mehr rückgängig machen; du kannst es nicht mit einem Handstreich auslöschen. Kein Zaubertrick kann dir helfen, die Vergangenheit auszulöschen. Was passiert ist, ist passiert, und zwar für immer! Jetzt wird es immer absolut so bleiben; daran lässt sich eben nichts ändern! Das befreit dich von dieser Last und du kannst denken: »Also gut, ich kann nicht anders, als unglücklich sein, weil ich eben dieses Karma aus der Vergangenheit habe!«

Die Menschen halten nichts von einfachen Dingen. Wenn sie etwas anfangen, machen sie es sich immer schwer – schwerer, als es ist. Die Leute lieben es, das Schwierige zu tun. Und weshalb? Weil man, wenn man mit einer schwierigen Sache konfrontiert ist, ein starkes, raffiniertes Ego entwickelt – es ist eine Herausforderung.

Man kann die Schuld auch auf den Teufel schieben, wie es die Christen ständig tun. Die Hindus schieben die Schuld auf vergangenes Karma und die Christen schieben sie auf den Teufel, der den Menschen immer wieder Fallen stellt. Dann bist nicht du schuld, sondern der Teufel, der dich in Versuchung geführt hat; er stürzt dich ins Elend und zieht dich in die Hölle hinunter.

Aber wer nimmt dich schon so wichtig? Warum sollte der Teufel dich so wichtig nehmen?

Dann gibt es die Marxisten, die Kommunisten, die Sozialisten. Sie machen die Gesellschaftsstruktur und das Wirtschaftssystem für das Unglück der Menschen verantwortlich. Dann gibt es die Freudianer, die Psychoanalytiker, und sie sagen, es liege an der Mutter-Kind-Beziehung. Aber immer liegt es an irgendetwas anderem, nie an dir selbst. Nie liegt es an dir, so wie du jetzt bist.

Ich möchte euch sagen: Es liegt an euch! Wenn ihr unglücklich seid, dann seid ihr, und ihr ganz allein, dafür verantwortlich. Weder die Vergangenheit noch die Gesellschaftsstruktur noch das Wirtschaftssystem – nichts davon kann euch helfen.

Wenn du so bleibst, wie du bist, wirst du in *jeder* Gesellschaft unglücklich sein. Du wirst in jedem Wirtschaftssystem unglücklich sein, wirst in jeder Welt unglücklich sein – wenn du so bleibst, wie du bist.

Eine Veränderung passiert, sobald du anfängst, den Kampf mit der Existenz aufzugeben. Darin liegt der einzige Sinn, wenn alle großen Religionen betonen: »Gib das Ego auf.« Was sie damit sagen wollen, ist: »Gib den Kampf auf.«

Und die erste, grundlegende Veränderung passiert, sobald du anfängst, den Kampf mit der Existenz aufzugeben. Darin liegt der einzige Sinn, wenn alle großen Religionen betonen: »Gib das Ego auf.« Was sie damit sagen wollen, ist: »Gib den Kampf auf.« Das solltet ihr euch vor Augen halten, denn: »Gib das Ego auf« ist zu metaphysisch. Ego? Was für ein Ego? Wo ist denn dieses Ego? Man kennt das Wort, man scheint es gut zu kennen, aber es ist so vage, es lässt sich so schwer fassen. Ich möchte das ein bisschen praktikabler machen: »Gib den Kampf auf!«, denn das Ego ist nur ein Nebenprodukt deiner kämpferischen Einstellung.

Die Leute sagen, man müsse die Natur bezwingen, man müsse dieses und jenes bezwingen ... Wie kannst du die Natur bezwingen? Du bist ein Teil von ihr. Wie kann ein Teil das Ganze bezwingen? Sieh, wie töricht das ist, wie dumm. Du kannst mit dem Ganzen in Harmonie sein oder du kannst mit dem Ganzen im Streit liegen, in Disharmonie. Disharmonie bringt Leiden; Harmonie bringt

Seligkeit. Harmonie führt auf natürliche Weise zu tiefer Stille, Frieden, Freude. Kampf führt zu Angst, Bedrängnis, Stress.

Das Ego ist nichts als die Summe aller Spannungen, die du um dich selbst herum erzeugt hast. Dabei ist es von vornherein gar nicht nötig, ein Ego zu erzeugen – doch warum tun die Menschen das ständig? Es muss dafür einen Grund geben. Warum erzeugt jeder ständig das Ego, das Selbst? Weil das wahre Selbst noch unerkannt ist, deshalb. Und es ist sehr schwer, ohne ein Selbst zu leben, darum erzeugen wir ein Pseudoselbst, ein Ersatzselbst. Das wahre Selbst ist unerkannt.

Das Ego ist nichts als die Summe aller Spannungen, die du um dich selbst herum erzeugt hast. Dabei ist es von vornherein nicht nötig, ein Ego zu erzeugen – doch warum tun die Menschen das ständig? Es muss dafür einen Grund geben.

Tatsächlich wird das wahre Selbst niemals völlig erkannt – es bleibt ein Mysterium, es bleibt unaussprechlich, undefinierbar. Das wahre Selbst ist so unermesslich, dass es sich jeder Definition entzieht. Das wahre Selbst ist so mysteriös, dass du nicht bis in seinen innersten Kern vordringen kannst. Das wahre Selbst ist das Selbst des Ganzen. Dem menschlichen Intellekt ist es nicht möglich, es zu durchdringen, es zu erörtern, darüber nachzusinnen.

Es gibt eine berühmte Geschichte von einem Weisen, der einmal zu Alexander dem Großen gerufen wurde. Und Alexander fragte ihn: »Ich habe gehört, du hast erkannt, was

Gott ist – also sage es mir bitte. Ich bin auf der Suche nach ihm und die Leute sagen, du hättest ihn gefunden. Also kläre mich über Gott auf. Was ist Gott?«

Der Weise soll darauf geantwortet haben: »Gib mir mindestens vierundzwanzig Stunden Zeit, um darüber nachzudenken.«

Vierundzwanzig Stunden vergingen und Alexander wartete sehr gespannt. Der Weise kam und sagte: »Ich brauche noch sieben Tage.«

Die sieben Tage vergingen und Alexander wurde sehr ungeduldig. Der Weise kam und sagte: »Ich brauche noch ein Jahr.«

Alexander sagte: »Was soll das heißen, du brauchst noch ein Jahr? Entweder weißt du's oder du weißt es nicht. Wenn du's weißt, dann weißt du's – dann sag es mir! Wozu Zeit vergeuden?«

Da lachte der Weise und sagte: »Je mehr ich darüber nachdenke, desto weniger weiß ich es. Je mehr ich weiß, desto schwieriger wird es zu sagen, dass ich weiß. Vierundzwanzig Stunden lang habe ich es immer und immer wieder versucht, doch es ist mir entglitten. Es ist so schwer zu fassen; es ist wie Quecksilber. Also bat ich um sieben Tage – aber auch das brachte nichts. Jetzt brauche ich mindestens noch ein Jahr, aber ich bin mir nicht sicher, ob ich dir eine Definition bringen kann.«

Der Weise hatte völlig Recht. Er muss wirklich weise gewesen sein, denn es ist unmöglich, das wahre Selbst zu definieren. Aber ohne Selbst kann der Mensch nicht leben – man fühlt sich so leer. Man fühlt sich wie ein Rad ohne Nabe, fühlt sich wie ein Kreis ohne Mittelpunkt. Nein, es ist schwierig, ohne Selbst zu leben.

Das wahre Selbst zu erkennen ist mühsam und man muss einen langen Weg zurücklegen, bis man nach Hause kommt. Man muss an viele Türen klopfen, bis man an die richtige Tür kommt. Der einfachere Trick ist, sich ein falsches Selbst zuzulegen. Echte Rosen zu züchten ist schwer; man kann auch Plastikrosen kaufen. Die werden zwar dich nicht täuschen können, aber sie können die Nachbarn täuschen, nicht wahr? Und darum geht es beim Selbst, beim Ego. Es kann dich nicht täuschen – du weißt ganz genau, dass du selbst keine Ahnung hast, wer du bist –, aber es kann zumindest deinen Nachbarn etwas vormachen. Zumindest in der Außenwelt hast du ein bestimmtes Etikett, das besagt, wer du bist.

Echte Rosen zu züchten ist schwer; man kann auch Plastikrosen kaufen. Die werden zwar dich nicht täuschen können, aber sie können die Nachbarn täuschen. Und darum geht es beim Selbst, beim Ego.

Hast du schon mal darüber nachgedacht? Wenn dich jemand fragt: »Wer bist du?« – Was antwortest du ihm? Du sagst ihm deinen Namen. Dieser Name gehört dir aber nicht, denn du bist ohne Namen auf die Welt gekommen. Du bist namenlos gekommen. Der Name ist nicht dein Eigentum; er ist dir nur verliehen worden. Und jeder beliebige Name – X, Y, Z – hätte den gleichen Zweck erfüllt. Der Name ist beliebig. Er gehört nicht zu deiner Essenz. Wenn man dich »Susanne« nennt – gut; wenn man dich »Hans« nennt – gut. Was macht das schon für einen Unterschied? Jeder andere Name hätte es genauso getan. Es ist nur ein Etikett. Du brauchst einen Namen, damit man dich ansprechen kann, aber er hat nichts mit deinem innersten Wesen zu tun.

Vielleicht sagst du: »Ich bin Arzt«, oder du sagst: »Ich bin Ingenieur« – oder Geschäftsmann, Maler, dieses oder jenes ... Aber das besagt alles überhaupt nichts über *dich*. Wenn du sagst: »Ich bin Arzt«, dann besagt es etwas über deinen Beruf, aber nicht über *dich*. Es besagt, wie du dir deinen Lebensunterhalt verdienst. Es besagt nichts über dein Leben, es besagt nur etwas über deinen Lebensunterhalt. Ob man seinen Lebensunterhalt als Ingenieur oder Arzt oder Geschäftsmann verdient, ist irrelevant. Es sagt überhaupt nichts über das Wesen eines Menschen aus.

Oder vielleicht nennst du den Namen deines Vaters oder den Namen deiner Mutter oder du gibst deinen Stammbaum an. Auch das ist irrelevant, weil es dich überhaupt nicht definiert. Dass du in einer bestimmten Familie zur Welt gekommen bist, ist reiner Zufall. Du hättest genauso gut in einer anderen Familie zur Welt kommen können und hättest nicht einmal den Unterschied gemerkt. Das sind nur zweckdienliche Tricks – aber so wird aus einem Menschen ein »Selbst«. Dieses Selbst ist ein Pseudoselbst – ein künstlich erzeugtes, selbst fabriziertes, zusammengebasteltes Ich. Dein wahres Selbst bleibt tief im Innern verborgen – nebulos, ein Mysterium.

Ich habe gelesen:

Ein Franzose durchquerte mit seinem arabischen Führer die Wüste. Keinen Tag ließ es sich der Araber entgehen, im glühenden Sand hinzuknien, um seinen Gott anzurufen.

Eines Abends schließlich fragte der Ungläubige den Araber: »Woher weißt du, dass es einen Gott gibt?«

Der Führer schaute den Zweifler einen Moment an, bevor er antwortete: »Woher ich weiß, dass es einen Gott gibt? Woher wusste ich gestern abend, dass ein Kamel hier vorbeigekommen war und kein Mensch? War es nicht wegen der Spuren der Hufe im Sand?« Dann zeigte er auf die Sonne, deren letzte Strahlen gerade am Horizont verblichen, und fügte hinzu: »Solche Spuren hinterlässt kein Mensch.«

Dein Selbst kannst du dir nicht erschaffen; kein Mensch kann es sich erschaffen. Dein Selbst hast du schon mitgebracht – du *bist* es, wie könntest du es erschaffen? Damit du es erschaffen könntest, müsstest du bereits da sein. Das bedeutet es, wenn die Christen, die Moslems, die Hindus sagen, der Mensch sei ein »Geschöpf«. Es bedeutet nichts anderes, als dass der Mensch sich nicht selbst erschaffen hat. Der Schöpfer ist irgendwo im Unbekannten verborgen. Wir sind aus einer geheimnisvollen Lebensquelle gekommen. Dein Selbst gehört dir nicht! Das falsche Selbst gehört dir nicht, weil du es selbst erschaffen hast, und dein wahres Selbst gehört dir auch nicht, weil es immer noch in Gott ruht. Du bist immer noch in Gott verwurzelt.

Dieses falsche Selbst, das wir unser Leben lang ständig wie eine Fahne vor uns hertragen, läuft immer Gefahr, verletzt zu werden. Es ist so zerbrechlich, so schwach – und das muss so sein, weil es ja vom Menschen geschaffen ist. Wie könnte der Mensch etwas Unsterbliches hervorbringen? Er muss viele Tode sterben und darum wird alles, was er selbst hervorbringt, immer sterblich sein. Darum auch die Angst, diese ständige Angst, du könntest verloren gehen, dein Selbst könnte zugrunde gehen. Eine ständige Furcht durchzittert dein Sein. Du kannst dir deines falschen Selbstes nie sicher sein – du weißt, es ist falsch. Du kannst dich um diese

Tatsache herumwinden, aber du weißt, es ist falsch. Es ist zusammengebastelt, fabriziert; es ist mechanisch, nicht organisch.

Ist dir der Unterschied zwischen einer organischen und einer mechanischen Einheit schon einmal aufgefallen? Du kannst einen Automotor herstellen: Die Einzelteile kannst du auf dem Markt kaufen, kannst sie zusammenbauen und den Motor als eine Einheit zum Laufen bringen. Oder du kannst dir die Teile für ein Radio auf dem Markt kaufen und sie zusammenbauen, und dann wird das Radio als eine Einheit funktionieren. Irgendwie wird daraus eine Einheit. Kein Einzelteil kann von selbst als Radio funktionieren, aber alle Teile zusammen werden zu einem Radio. Eine solche Einheit ist aber mechanisch, von außen aufgezwungen.

Wenn du jedoch Samenkörner auf die Erde wirfst, werden die Samen zugrunde gehen und es entsteht eine Pflanze – eine solche Einheit ist organisch. Sie ist nicht von außen aufgezwungen. Die Einheit lag im Samen selbst begründet. Der Same kommt zum Keimen und holt sich tausenderlei Dinge aus der Erde, aus der Luft, von der Sonne, vom Himmel – aber die Einheit kommt von innen. Das Zentrum kommt als Erstes und dann die Peripherie. Bei einer mechanischen Einheit kommt als Erstes die Peripherie und dann das Zentrum.

Der Mensch ist eine organische Einheit. Du warst einmal ein Same, wie irgendein Baum. Im Nährboden des Mutterleibes hast du angefangen, deine Peripherie aufzubauen. Das Zentrum kam als Erstes, das Zentrum ging der Peripherie voraus – und nun hast du das Zentrum völlig vergessen. Du lebst an der Peripherie und denkst, das wäre dein ganzes Leben. Diese Peripherie und dein ständiges Leben darin erzeugt eine Art von Selbst, ein Pseudoselbst, welches dir das

Gefühl gibt: Ja, du bist jemand! Aber es muss ständig zittern, weil es an sich keine organische Einheit ist.

Von daher kommt auch die Furcht vor dem Tod. Wenn du dein wahres Selbst kennst, wirst du den Tod nicht fürchten, das steht außer Frage, denn eine organische Einheit stirbt niemals. Eine organische Einheit ist unsterblich. Nur mechanische Einheiten, die zusammengefügt worden sind, können sterben. Was einmal zusammengefügt wurde, muss eines Tages wieder auseinanderfallen. Jede mechanische Einheit hat einen Anfang und ein Ende. Organische Einheit hat keinen Anfang und kein Ende; sie ist ein ewiger Prozess.

Das Ichbewusstsein hat immer Angst, es ist immer am Zittern. Und du brauchst immer die Unterstützung von anderen – jemand, der dich bestätigt, der dir Beifall klatscht, der dir sagt, wie schön oder wie intelligent du bist.

Kennst du dein Zentrum? Wenn du es nicht kennst, wirst du ständig Angst haben. Darum hat das Ichbewusstsein immer Angst, es ist immer am Zittern. Und du brauchst immer die Unterstützung von anderen – jemand, der dich bestätigt, der dir Beifall klatscht, der dir sagt, wie schön oder wie intelligent du bist. Du brauchst jemanden, der dir diese Dinge sagt, wie eine hypnotische Suggestion, damit du selber daran glauben kannst: Ja, du bist intelligent, du bist schön, du bist stark. Aber sieh, wie dich das von anderen abhängig macht!

Da kommt irgend so ein dummer Mensch auf dich zu und sagt, dass du sehr intelligent bist – und nur für einen Dummen wirst du intelligent aussehen. Wäre er intelligenter als du, dann würde er dich natürlich nicht für intelligent halten. Da kommt also irgend so ein Dummkopf daher und bestätigt dir deine Intelligenz – und du freust dich sehr. Und schön aussehen kannst du auch nur für jemanden, der hässlich ist. Für jemanden, der schöner ist als du, wirst du hässlich aussehen, denn das ist alles relativ. Aber wenn dir hässliche Leute deine Schönheit bestätigen, dann freust du dich sehr darüber.

Was ist das für eine Intelligenz, die sich von dummen Leuten bestätigen lassen muss? Was ist das für eine Schönheit, die sich von hässlichen Leuten bestätigen lassen muss? Das ist völlig unecht, es ist idiotisch! Aber wir trachten ständig danach, wir suchen in der äußeren Welt nach einer Bestätigung für das Ego – jemand, der uns ein bisschen aufbaut und uns unterstützt, denn sonst laufen wir immer Gefahr, dass unser Ego zusammenbricht. Darum müssen wir es von der einen oder anderen Seite stützen und sind ständig in Sorge.

Deshalb wirkst du auch anmutiger, wenn du allein bist – weil du dir keine Sorgen machst. Es sieht dich ja keiner. Wenn du allein bist, bist du unschuldiger, in deinem Badezimmer bist du unschuldiger, fast wie ein Kind. Du stehst wieder vor dem Spiegel und schneidest Grimassen und es macht Spaß. Sobald du aber merkst, dass dich dein Kind durchs Schlüsselloch beobachtet, wirst du sofort ganz anders sein. Nun steht das Ego auf dem Spiel. Deshalb haben die Menschen so viel Angst vor anderen. Allein gibt es kein Problem.

Da gibt es eine berühmte Zen-Geschichte:

Ein Zen-Meister malte einmal ein Bild und er setzte seinen engsten Schüler neben sich, damit er ihm sagen sollte, wann das Bild perfekt war. Der Schüler war nervös und der Meister war ebenfalls nervös. Der Schüler hatte noch nie erlebt, dass sein Meister irgendetwas Unperfektes gemacht hätte. Aber an diesem Tage liefen die Dinge nicht so glatt. Der Meister gab sich alle Mühe, doch je mehr Mühe er sich gab, umso mehr ging es daneben.

In Japan und China wird die Kunst der Kalligraphie auf Reispapier ausgeübt, einem speziellen, besonders empfindlichen Papier, das sehr fein ist. Wenn man nur ein bisschen zögert, bleibt es jahrhundertelang sichtbar, wo der Kalligraph gezögert hat – denn dort rinnt mehr Tusche auf das Reispapier und erzeugt einen Klecks. Es ist äußerst schwierig, auf Reispapier zu mogeln. Man muss im Fluss bleiben, man darf nicht zögern. Selbst wenn man nur einen kurzen Moment, den Bruchteil einer Sekunde zögert, kann man nichts mehr machen – man hat es schon verpatzt; es ist verdorben. Und jeder, der ein scharfes Auge hat, wird sofort sagen: »Das ist keine Zen-Malerei«, denn Zen-Malerei sollte ein spontanes Bild sein, das im Fluss ist.

Der Meister versuchte es immer und immer wieder, aber je mehr Mühe er sich gab, umso mehr fing er an zu schwitzen. Und der Schüler saß da und schüttelte immer wieder den Kopf und sagte: »Nein, das ist noch nicht perfekt.« Und der Meister machte immer mehr Fehler.

Dann ging ihm die Tusche aus und der Meister sagte: »Geh und hole noch Tusche!« Und während der Schüler draußen war, um die Tusche zu holen, vollbrachte der Meister sein Meisterwerk. Als der Schüler zurückkam, sagte er: »Meister, aber das ist ja perfekt! Wie kam das denn zustande?«

Der Meister lachte. Er sagte: »Mir ist eine Sache bewusst geworden – deine Gegenwart. Der bloße Gedanke, dass jemand da ist, der es loben oder kritisieren könnte, der dazu nein oder ja sagen könnte, hat mich aus der Fassung gebracht. Doch jetzt wird mich nie wieder etwas aus der Fassung bringen. Ich habe erfahren, wie es ist, wenn ich versuche, etwas perfekt zu machen, und das war der einzige Grund, warum es nicht perfekt wurde.«

Wenn du versuchst, etwas perfekt zu machen, wird es unperfekt. Wenn du aber etwas auf ganz natürliche Weise machst, wird es immer perfekt sein. Die Natur ist perfekt; jedes Bemühen ist unperfekt. Sobald du dir mit etwas zu viel Mühe gibst, machst du es kaputt.

Darum passiert es auch, dass Leute, die eigentlich wunderbar reden können … und jeder ist ein Redner, die Leute reden ihr ganzes Leben lang, aber sobald man sie auf ein Podium stellt und ihnen sagt, dass sie vor einer Menschenmenge reden sollen, verstummen sie plötzlich. Auf einmal haben sie alles vergessen, auf einmal bringen sie kein einziges Wort mehr heraus. Und wenn sie reden, dann ist es nicht so elegant, nicht so natürlich, nicht so im Fluss. Wie kommt das? Wo man doch weiß, wie gut dieser Mann vor seinen Freunden, seiner Frau, seinen Kindern reden kann! Das hier sind doch auch bloß Leute, die gleichen Leute – warum hat er plötzlich Angst? Er ist befangen geworden, er ist sich seiner selbst bewusst. Nun ist das Ego im Spiel und er versucht, etwas darzustellen.

Wenn du versuchst, etwas perfekt zu machen, wird es unperfekt. Wenn du etwas auf ganz natürliche Weise machst, wird es immer perfekt sein. Die Natur ist perfekt; jedes Bemühen ist unperfekt. Sobald du dir mit etwas zu viel Mühe gibst, machst du es kaputt.

Hör genau zu: Sobald du versuchst, etwas darzustellen, suchst du Nahrung für dein Ego. Wenn du natürlich bist und die Dinge einfach geschehen lässt, ist alles perfekt und dann gibt es kein Problem. Wenn du natürlich bist und die Dinge einfach geschehen lässt, hast du Gott hinter dir. Sobald du nervös bist und zitterst und versuchst, etwas zu beweisen, hast du Gott nicht mehr hinter dir. In deiner Angst vergisst du ihn. Dann schaust du mehr auf die Leute und vergisst deinen Ursprung.

Ichbewusstsein wird zur Schwäche. Jemand, der nicht ichbewusst ist, ist stark – aber diese Stärke hat nichts mit ihm zu tun, sie kommt von woanders.

Sobald du ichbewusst bist, bist du befangen und hast Probleme. Sobald du befangen bist, zeigst du eigentlich nur, dass du nicht weißt, wer du bist. Deine Befangenheit weist darauf hin, dass du noch nicht nach Hause gefunden hast.

Es geschah einmal:

Ein hübsches Mädchen ging vorüber und Mulla Nasruddin schaute ihr nach. Seine Frau schmollte: »Immer wenn du ein hübsches Mädchen siehst, vergisst du, dass du verheiratet bist!«

»Da irrst du dich aber«, sagte der Mulla. »Nichts erinnert mich mehr daran!«

Sobald du befangen bist, zeigst du im Grunde, dass du keine Ahnung hast von deinem Selbst. Du weißt nicht, wer du bist. Wüsstest du es, dann gäbe es überhaupt kein Problem, dann würdest du dich nicht um die Meinung anderer kümmern. Dann würdest du dir keine Gedanken machen, was andere über dich sagen – es ist belanglos!

Im Grunde sagt ohnehin nie jemand etwas über dich. Was immer die Leute über dich sagen, sagen sie in Wirklichkeit über sich selbst.

Sobald du ichbewusst bist, bist du befangen und hast Probleme. Sobald du befangen bist, zeigst du eigentlich nur, dass du nicht weißt, wer du bist. Deine Befangenheit weist darauf hin, dass du noch nicht nach Hause gefunden hast.

Einmal passierte Folgendes: Ich war in Jaipur und morgens kam ein Mann zu mir, der sagte: »Du bist göttlich!«

Ich sagte: »Du hast Recht!«

Während er noch bei mir saß, kam ein anderer, der mich überhaupt nicht mochte, und sagte: »Du bist ein Teufel!«

Ich sagte: »Du hast Recht!«

Das machte dem ersten Mann einiges Kopfzerbrechen. Er fragte: »Was soll das heißen? Mir sagst du, dass ich Recht habe, und diesem Mann sagst du auch, dass er Recht hat. Wir können aber doch nicht beide Recht haben!«

Ich sagte ihm: »Nicht nur zwei, sondern Millionen Menschen können Recht haben, was mich betrifft, denn alles, was sie über mich sagen, sagen sie über sich selbst. Wie könnten sie mich denn kennen? Es ist unmöglich – sie kennen ja nicht einmal sich selbst. Was auch immer sie sagen mögen, ist ihre eigene Interpretation.«

Da sagte der Mann: »Und wer bist du dann wirklich? Wenn es meine Interpretation ist, dass du göttlich bist, und wenn es seine Interpretation ist, dass du böse bist – wer bist du dann wirklich?«

Ich sagte: »Ich bin einfach ich selbst. Ich habe keine Interpretation von mir und das ist auch gar nicht nötig. Ich genieße es einfach, ich selbst zu sein, was immer das heißt. Ich bin glücklich, ich selbst zu sein.«

Niemand kann irgendetwas über dich sagen. Alles, was die Leute sagen, betrifft immer sie selbst. Aber es macht dich unsicher, weil du noch an einem falschen Zentrum festhältst. Dieses falsche Zentrum hängt von anderen ab – deshalb schaust du immer auf die Leute und auf das, was sie über dich sagen. Und du folgst immer anderen und versuchst sie zufriedenzustellen. Du versuchst ständig, dein Ansehen zu wahren und dein Ego zu dekorieren. Das ist selbstmörderisch.

Statt dich über das, was andere sagen, aufzuregen, solltest du anfangen, in dir selbst nachzuschauen. Wahre Selbsterkenntnis bekommt man nicht so billig. Aber die Leute wollen immer alles möglichst billig haben.

Es geschah einmal:

Als seine Rückenschmerzen unerträglich wurden, ging Mulla Nasruddin widerwillig zu einem Spezialisten, um eine Diagnose für sein Problem zu bekommen.

»Also, die Lösung für Ihr Problem«, sagte der Arzt: »Operation, zwei Wochen Krankenhaus und sechs Monate in der Horizontalen!«

»Herr Doktor«, rief Nasruddin aus, »das kann ich mir nicht leisten!«

»Na gut«, schlug der Arzt vor, »für fünfundzwanzig Dollar kann ich Ihnen das Röntgenbild retuschieren.«

So billig! Das Röntgenbild retuschieren – aber das macht dich noch nicht gesund! So machen wir es ständig: Wir retuschieren das Röntgenbild und denken, irgendwie wird schon ein Wunder passieren! Wenn du dein Ego dekorierst, retuschierst du das Röntgenbild. Das bringt überhaupt nichts; es hilft dir nicht, gesund zu werden. Es ist zwar billiger – keine Operation, keine Unkosten. Aber welchen Sinn hat es? Dein Leiden bleibt bestehen.

Du wahrst dein Ansehen, aber dein Leiden bleibt bestehen. Die Gesellschaft zollt dir alle Ehre – und dein Leiden bleibt. Man dekoriert dich mit goldenen Medaillen, aber dein Leiden bleibt. Die Goldmedaillen können dein Leiden nicht aufheben – sie sind wie das Retuschieren des Röntgenbildes. Alle Dekorationen für das Ego sind nichts als Selbsttäuschung. Und du wirst immer schwächer und schwächer und schwächer, weil das Ego täglich schwächer wird. Dein Körper wird schwächer, dein Verstand wird schwächer und allmählich wird das Ego, das du aus der Kombination von Körper und Verstand aufgebaut hast, immer schwächer. Die Angst wird immer größer und größer und du sitzt auf einem Vulkan, der jeden Tag ausbrechen kann. Er wird dir keine Ruhe lassen. Er wird dir nicht erlauben, dich zu entspannen, wird dir keinen Augenblick Frieden erlauben.

Sobald du das einmal verstanden hast, kann die ganze Energie in eine neue Richtung gehen. Du musst dich selbst erkennen. Du solltest dir keine Gedanken darüber machen, was andere über dich sagen.

Ein Freund hat mir einen sehr schönen Witz geschickt:

Da gab es einmal einen Mann, den nie jemand beachtete; er hatte keine Freunde. Auf einer Vertreterkonferenz in Miami fiel ihm auf, wie fröhlich alle anderen waren, wie sie lachten und sich gegenseitig Aufmerksamkeit schenkten, nur ihm nicht.

Eines Abends, als es ihm ziemlich dreckig ging, kam er mit einem anderen Vertreter ins Gespräch und erzählte ihm von seinem Problem. Da sagte dieser: »Ich hab eine Idee, wie Sie das regeln können! Besorgen Sie sich ein Kamel und reiten Sie damit durch die Straßen! Sie werden sehen: Im Handumdrehen sind Sie berühmt und haben so viele Freunde, wie Sie wollen!«

Wie es das Schicksal wollte, ging gerade ein Zirkus in Konkurs und ein Kamel war zu haben. Der Mann kaufte es und ritt damit kreuz und quer durch die Stadt. Wie zu erwarten war, bemerkten ihn alle und er bekam viel Aufmerksamkeit. Er fühlte sich großartig. Doch eine Woche später verschwand das Kamel. Der Mann war untröstlich und rief die Lokalzeitung an, um eine Anzeige für sein verlorenes Kamel aufzugeben.

»Ist es ein Männchen oder ein Weibchen?«, fragte der Mann am anderen Ende der Leitung.

»Männchen oder Weibchen? Wie soll ich das denn wissen?«, erwiderte der Mann wütend. Aber dann fiel ihm ein: »Na klar! Natürlich, es war ein Männchen!«

»Und wie wollen Sie das wissen?«, fragte der Anzeigenmensch.

»Immer wenn ich auf dem Kamel durch die Straßen ritt, riefen die Leute: ›Schaut euch nur das Kamel mit diesem Schmock an!‹«

Schmock ist ein jiddisches Wort, ein sehr schönes Wort! Es hat zwei Bedeutungen und beide sind sehr bezeichnend: Die eine Bedeutung ist »Idiot«; die andere scheint zunächst ein bisschen weit hergeholt: das männliche Sexualorgan. Es gibt aber eine tiefere Verbindung zwischen diesen beiden Bedeutungen: Idioten leben ihr Geschlecht aus, sie kennen nur das. Dieses Wort *Schmock* ist sehr treffend. Ein Mensch, dessen ganzes Leben sich nur um Sex dreht, ist einfach dumm; er ist ein Idiot.

Das Ego ist sehr trügerisch. Stets hört es nur das, was es hören möchte. Es interpretiert ständig die Dinge so, wie es sie interpretieren will; nie sieht es die Tatsachen. Es lässt nie zu, dass die Tatsachen sich so zeigen, wie sie sind. Wer im Ego lebt, lebt wie hinter einem Schleier. Und dieser Schleier ist nicht bloß passiv, er ist aktiv. Alles, was durch diesen Schleier hindurchgeht, wird von ihm verzerrt.

Die Menschen leben in einer mentalen Welt, die sie sich selbst geschaffen haben. Das Ego ist das Zentrum ihrer Welt, dieser falschen Welt – man nennt das auch *maya*, Illusion –, und um dieses Ego herum erschaffen sie sich ihre eigene Welt, in der kein anderer lebt. Nur sie leben in dieser Welt.

Wenn du das Ego aufgibst, gibst du eine ganze Welt auf, die du rundherum geschaffen hast. Dann bist du zum ersten Mal in der Lage, die Dinge so zu sehen, wie sie sind, und nicht, wie du sie gerne hättest. Und wenn du fähig bist, die Tatsachen des Lebens zu erkennen, wirst du auch fähig, die Wahrheit zu erkennen.

Und nun eine Zen-Geschichte:

Ein Ringer namens O-Nami – »Große Wellen« – war ungeheuer stark und in der Kunst des Ringens sehr geübt. Unter vier Augen besiegte er sogar seinen Lehrer, aber in der Öffentlichkeit konnten ihn seine eigenen jungen Schüler umwerfen.

In seiner Not ging er zu einem Zen-Meister, der sich gerade in einem nahegelegenen Tempel am Meer aufhielt, und bat ihn um Rat.

»Große Wellen ist dein Name«, sagte der Meister, »dann bleibe doch heute Nacht hier im Tempel und höre den Wellen des Meeres zu. Stelle dir vor, du bist diese Wellen. Vergiss, dass du ein Ringer bist, und werde zu diesen riesigen Wellen, die alles hinwegspülen, was vor ihnen liegt.«

O-Nami blieb. Er versuchte, nur noch an die Wellen zu denken, aber er dachte an viele Dinge. Doch nach und nach dachte er nur noch an die Wellen. Sie rollten immer größer und größer heran, je weiter die Nacht voranschritt. Sie spülten die Blumen hinweg, die in den Vasen vor dem Buddha standen, sie spülten die Vasen hinweg, ja selbst den bronzenen Buddha. Beim Morgengrauen war der ganze Tempel nur noch wogendes Wasser und O-Nami saß da, mit einem sanften Lächeln im Gesicht.

Wenn du das Ego aufgibst, gibst du eine ganze Welt auf, die du darum herum erschaffen hast. Dann bist du zum ersten Mal in der Lage, die Dinge so zu sehen, wie sie sind, und nicht, wie du sie gerne hättest.

Am selben Tag nahm er an einem öffentlichen Ringkampf teil und gewann jede Runde. Und von jenem Tag an konnte keiner in Japan ihn je wieder besiegen.

Diese Geschichte handelt von der Ichbefangenheit und davon, wie man sie verlieren kann und aufgeben kann und loswerden kann. Wir wollen uns das Schritt für Schritt ansehen ...

Ein Ringer namens O-Nami – »Große Wellen« – war ungeheuer stark ...

Jeder ist ungeheuer stark. Du kennst deine Stärke nicht, aber das ist eine andere Sache. Jeder Mensch ist ungeheuer stark, muss es sein, denn jeder ist verankert in Gott, jeder ist verankert im Universum. Wie klein du auch aussehen magst, du bist nicht klein. So wie die Dinge liegen, kannst du es gar nicht sein.

Wenn jemand nach Prestige, nach politischer Autorität strebt, wonach strebt er eigentlich? Er strebt nach Macht und Stärke – aber die Stärke ist schon die ganze Zeit vorhanden, gleich um die Ecke. Wir suchen nur an den falschen Orten danach.

Die Physiker sagen, in jedem kleinen Atom sei enorm viel Energie enthalten. Hiroshima und Nagasaki wurden durch Atomenergie zerstört. Und doch ist das Atom so klein, dass noch niemand es gesehen hat. Es ist nur eine Annahme, eine abgeleitete Größe. Noch nie hat irgendjemand das Atom zu Gesicht bekommen. Trotz aller ausgeklügelten Instrumente, die der Wissenschaft heute zur Verfügung stehen, hat noch nie jemand ein Atom gesehen – so klein ist es – und eine so ungeheure Energie ist darin enthalten!

Wenn ein Atom so viel Energie enthalten kann – was soll man erst über den Menschen sagen? Was soll man über diese kleine Flamme des Bewusstseins im Menschen sagen? Wenn diese kleine Flamme eines Tages hervorbricht, wird sie zweifellos eine unendliche Quelle von Energie und Licht sein. So ist es Buddha geschehen, oder Jesus.

Jeder ist unendlich stark, denn jeder ist unendlich göttlich. Jeder ist stark, denn jeder ist in Gott verankert, im Ursprung der Existenz selbst. Das darf man nicht vergessen.

Der menschliche Verstand neigt dazu, es zu vergessen. Wenn du es vergisst, wirst du schwach. Wenn du schwach wirst, versuchst du, künstliche Wege zu finden, um stark zu werden. Das versuchen Millionen von Menschen. Wenn jemand nach Geld strebt, wonach strebt er in Wirklichkeit? Wenn jemand nach Macht strebt, strebt er nach Stärke. Wenn jemand nach Prestige, nach politischer Autorität strebt, wonach strebt er eigentlich? Er strebt nach Macht und Stärke – aber die Stärke ist schon die ganze Zeit vorhanden, gleich um die Ecke. Wir suchen nur an den falschen Orten danach.

Ein Ringer namens O-Nami – »Große Wellen« ...

Wir alle sind große Wellen im Meer. Wir mögen es vergessen haben, doch das Meer hat uns nicht vergessen. Wir mögen es so tief vergessen haben, dass wir keine Ahnung haben, was dieses Meer ist – aber dennoch sind wir im Meer. Selbst wenn eine Welle es vergisst und sich nicht mehr an das Meer erinnert, ist sie immer noch im Meer – denn ohne das Meer kann die Welle nicht existieren. Das Meer kann ohne die Welle existieren – möglicherweise kann es das –, aber die Welle kann nicht ohne das Meer existieren. Die Welle ist nichts anderes als ein »Wellen« des Meeres – ein Vorgang, keine feste Größe. Sie ist nichts als das Meer, das sich an seinem Dasein ergötzt. Gott in seinem Ergötzen feiert sich im Menschen auf Erden. Gott in seinem Ergötzen bringt den Menschen in die Existenz: ein Meer, welches das Meer sucht, als ein Spiel. Es hat so unendlich viel Energie – was soll es damit anfangen?

Ein Ringer namens O-Nami – »Große Wellen« – war ungeheuer stark ...

Aber diese Stärke ist nur möglich, wenn die Welle weiß, dass sie eine Welle im unendlich großen Meer ist. Wenn die

Welle das vergisst, wird sie sehr schwach. Doch unsere Vergesslichkeit ist enorm. Unser Gedächtnis ist klein, winzig klein im Vergleich zu unserer Vergesslichkeit, die immens ist. Wir vergessen ständig, und was am offensichtlichsten ist, vergessen wir am leichtesten. Was uns am nächsten ist, vergessen wir besonders leicht. Was uns dauernd zugänglich ist, vergessen wir besonders leicht.

Erinnerst du dich etwa daran zu atmen? Du erinnerst dich nur, wenn du ein Problem damit hast – eine Erkältung oder Atembeschwerden oder etwas Ähnliches. Wer denkt sonst schon ans Atmen? Die Menschen denken auch nur an Gott, wenn sie Probleme haben. Wer erinnert sich sonst schon an ihn? Doch Gott ist dir näher als dein Atem, näher als du dir selbst. Man vergisst es leicht. Hast du das schon beobachtet? Wenn du etwas nicht hast, erinnerst du dich daran. Wenn du es hast, nimmst du es leicht für selbstverständlich. Weil Gott nicht verloren gehen kann, ist es sehr schwierig, sich an ihn zu erinnern. Nur ganz selten ist ein Mensch fähig, sich an Gott zu erinnern. Sich an etwas zu erinnern, von dem wir nie entfernt sind, ist sehr schwierig.

Ein Fisch im Meer vergisst das Meer. Wirft man den Fisch ans Ufer in den Sand, in den heißen Sand, dann weiß er es, dann wird der Fisch sich erinnern. Es gibt aber keine Möglichkeit, dich aus Gott hinauszuwerfen. Er hat kein Ufer – Gott ist ein uferloses Meer. Und du bist nicht wie ein Fisch, du bist wie eine Welle. Du bist wie Gott; dein Wesen ist identisch mit dem Wesen Gottes.

Das ist die symbolische Bedeutung, die der Name in dieser Geschichte hat.

Er war in der Kunst des Ringens sehr geübt. Unter vier Augen besiegte er sogar seinen Lehrer ...

Aber nur unter vier Augen, denn unter vier Augen muss er sich selbst wohl vergessen haben.

Merke dir diesen Satz: Wenn du dich deiner selbst erinnerst, vergisst du Gott; wenn du dich selbst vergisst, erinnerst du dich an Gott. Aber dich an beides zugleich zu erinnern geht nicht. Wenn die Welle sich selbst für eine Welle hält, vergisst sie, dass sie das Meer ist. Wenn die Welle erkannt hat, dass sie das Meer ist – wie kann sie sich da noch für eine Welle halten? Nur das Eine oder das Andere ist möglich: Die Welle kann sich selbst nur entweder für eine Welle oder für das Meer halten. Es ist ein Gestaltphänomen; man kann nicht beides zugleich denken, das ist unmöglich.

Unter vier Augen besiegte er sogar seinen Lehrer, aber in der Öffentlichkeit konnten ihn seine eigenen jungen Schüler umwerfen.

Unter vier Augen muss er sein eigenes Selbst, sein Ego, völlig vergessen haben – dann war er ungeheuer stark. In der Öffentlichkeit muss er sich seiner selbst zu sehr bewusst gewesen sein – dann war er schwach. Ichbewusstsein ist Schwäche, Selbstvergessenheit ist Stärke.

In seiner Not ging er zu einem Zen-Meister, der sich gerade in einem nahegelegenen Tempel am Meer aufhielt, und bat ihn um Rat.

»Große Wellen ist dein Name«, sagte der Meister, »dann bleibe doch heute Nacht hier im Tempel und höre den Wellen des Meeres zu.«

Ein Meister ist jemand, der für jeden Menschen eine geeignete Methode findet. Ein Meister hat keine festgelegte Methode. Er sieht diesen Mann – O-Nami, »Große Wellen« – einfach seinen Namen, und er macht daraus eine Methode. Als er erfährt, dass sein Name O-Nami, »Große Wellen«, ist, sagt der Meister: *»Große Wellen ist dein Name, dann bleibe doch heute Nacht hier im Tempel und höre den Wellen des Meeres zu.«*

Zuzuhören ist ein Grundgeheimnis, um in den Tempel Gottes zu gelangen. Zuzuhören bedeutet, passiv zu sein. Zuzuhören bedeutet, dich selbst völlig zu vergessen – nur dann kannst du zuhören. Wenn du jemandem aufmerksam zuhörst, vergisst du dich selbst. Wenn du dich nicht vergessen kannst, kannst du nicht zuhören. Wenn du zu ichbefangen bist, wirst du nur so tun, als würdest du zuhören, aber du hörst nicht zu. Du magst mit dem Kopf nicken, gelegentlich ja oder nein sagen, aber trotzdem hörst du nicht zu.

Wenn du zuhörst, wirst du zu einem Kanal – zu reiner Passivität, Empfänglichkeit, wie ein Mutterschoß. Dann wirst du weiblich. Um zu Gott zu gelangen, musst du weiblich werden. Zu Gott kannst du nicht als aggressiver Eindringling, als Eroberer gelangen. Gott kannst du nur erreichen – oder besser, Gott kann dich nur erreichen –, wenn du empfänglich wirst, empfänglich wie eine Frau. Wenn du *Yin* wirst, empfangend, dann öffnet sich die Tür. Und du wartest.

Wenn du jemandem aufmerksam zuhörst, vergisst du dich selbst. Wenn du dich nicht vergessen kannst, kannst du nicht zuhören. Wenn du zu ichbefangen bist, wirst du nur so tun, als würdest du zuhören, aber du hörst nicht zu.

Zuhören ist die Kunst, passiv zu werden. Buddha betont immer wieder das Zuhören, Mahavira betont immer wieder das Zuhören, Krishnamurti betont ständig das richtige Zuhören. Die Ohren sind ein Symbol; ist dir das schon aufgefallen? Deine Ohren sind nichts als ein Kanal, eine Öffnung, sonst gar nichts. Deine Ohren sind weiblicher als deine Augen; deine Augen sind männlicher. Deine Ohren sind *Yin*, deine Augen sind *Yang*. Wenn du jemanden anschaust, bist du aggressiv; wenn du jemandem zuhörst, bist du empfangend.

Deshalb gilt es auch als aufdringlich, unhöflich und unkultiviert, wenn man jemanden zu lange anschaut. Da gibt es eine bestimmte Grenze – drei Sekunden, sagen die Psychologen. Wenn man jemanden drei Sekunden lang ansieht, ist es in Ordnung; das ist akzeptabel. Wenn es länger dauert, ist es kein Anschauen mehr – dann wird es zum Anstarren und es ist eine Beleidigung, ein Übergriff. Jemandem zuzuhören hat jedoch keine Grenze, weil die Ohren keinen Übergriff begehen können. Sie bleiben einfach, wo sie sind.

Die Augen müssen sich ausruhen. Hast du das schon bemerkt? Nachts brauchen die Augen ihre Ruhe. Aber die Ohren brauchen keine Ruhe; sie sind vierundzwanzig Stunden lang offen, jahrein, jahraus. Die Augen können nicht einmal für ein paar Minuten offen bleiben – sie müssen ständig blinzeln und sich immer wieder ausruhen. Aggression ist ermüdend, weil Aggression Energie braucht; darum müssen die Augen ständig blinzeln und sich ausruhen. Die Ohren sind immer ausgeruht.

Deshalb ist die Musik in vielen Religionen als Hinwendung zum Gebet eingesetzt worden – denn Musik macht die Ohren empfindsamer, sensibler. Man sollte mehr die Ohren und weniger die Augen einsetzen.

Der erste Schritt ist Empfänglichkeit, denn in der Empfänglichkeit kann das Ego nicht existieren. Es kann nur im Konflikt existieren. Und wenn du empfänglich bist, wird deine Vorstellungskraft plötzlich sehr stark.

»Sei ganz Ohr«, sagte der Meister. »Hör einfach nur zu. Nichts anderes ist zu tun. Höre einfach immer weiter zu – ohne Gedanken, warum, ohne Gedanken, was da passiert. Höre einfach immer weiter zu – ohne es zu interpretieren, ohne irgendeine Aktivität von deiner Seite.« Und dann sagte er: *»Stelle dir vor, du bist diese Wellen.«*

Zuerst höre zu und stimme dich auf die Wellen ein. Und wenn du das Gefühl hast, vollkommen still und empfänglich geworden zu sein, dann stelle dir vor, du bist diese Wellen. Das ist der zweite Schritt. Erst musst du aufhören, aggressiv zu sein, und empfänglich werden. Und sobald du empfänglich geworden bist, verschmelze mit den Wellen und stelle dir vor, diese Wellen zu sein.

Die Dichter, die Maler, die Tänzer, die Musiker – sie nehmen in tiefer Empfänglichkeit das Universum in sich auf und lassen dann alles, was sie aufgenommen haben, in ihre Fantasie einfließen.

Der Meister gibt ihm eine Methode, sich selbst, sein Ego, zu vergessen. Der erste Schritt ist Empfänglichkeit, denn in der Empfänglichkeit kann das Ego nicht existieren. Es kann nur im Konflikt existieren. Und wenn du empfänglich bist, wird deine Vorstellungskraft plötzlich sehr stark.

Empfängliche, sensible Menschen haben eine lebhafte Fantasie. Diejenigen, die das Grün der Bäume ganz ohne Aggressivität von ihrer Seite, ohne einen Hauch von Aggression von ihrer Seite wahrnehmen und das Grün der Bäume in sich hineintrinken und aufsaugen können wie ein Schwamm – sie werden sehr schöpferisch, sehr fantasievoll. Es sind die Dichter, die Maler, die Tänzer, die Musiker – sie nehmen in tiefer Empfänglichkeit das Universum in sich auf und lassen dann alles, was sie aufgenommen haben, in ihre Fantasie einfließen.

Fantasie ist jene menschliche Fähigkeit, die Gott am nächsten kommt. Gott muss viel Fantasie besitzen, nicht wahr? Seht euch nur seine Welt an! Unvorstellbar, eine so fantasievolle Welt, mit so vielen Blumen, so vielen Schmetterlingen, so vielen Bäumen, so vielen Flüssen, so vielen Menschen. Seine Vorstellungskraft ist unvorstellbar! So viele Sterne und so viele Welten – Welten über Welten, endlos ... Er muss ein großer Träumer sein.

Die Hindus im Osten sagen, die Welt sei Gottes Traum, seine Fantasie. Die Welt ist seine Magie, sein Fantasiegebilde. Er träumt sie; wir sind Teil seines Traumes.

Als der Meister zu O-Nami sagte: »*Dann stelle dir vor, du bist diese Wellen*«, sagte er damit: »Und dann sei kreativ. Werde zuerst empfänglich und dann werde kreativ.« Und wenn du das Ego fallen gelassen hast, wirst du so flexibel, dass alles, was du dir vorstellst, auch geschieht. Dann wird deine Vorstellung zu deiner Wirklichkeit.

Werde zuerst empfänglich und dann werde kreativ. Und wenn du das Ego fallen gelassen hast, wirst du so flexibel, dass alles, was du dir vorstellst, auch geschieht. Dann wird deine Vorstellung zu deiner Wirklichkeit.

Vergiss, dass du Ringer bist, und werde zu diesen riesigen Wellen, die alles hinwegspülen, was vor ihnen liegt.

O-Nami blieb. Er versuchte, nur noch an die Wellen zu denken ...

Am Anfang war das natürlich schwierig – *er dachte an viele Dinge.* Das ist natürlich. Aber er blieb. Er muss viel Geduld gehabt haben. *Aber nach und nach dachte er nur noch an die Wellen.* Dann kam ein Moment ... Wenn man beharrlich ist und immer weitermacht, muss dieser Moment kommen, in dem das, was du dir seit vielen Leben herbeigesehnt hast, geschieht – aber dafür braucht man Geduld.

Nur ein schöpferischer Mensch vermag die Langeweile aufzugeben; ein schöpferischer Mensch kennt überhaupt keine Langeweile. Er ist so begeistert und entzückt – für ihn ist alles ein ständiges Abenteuer.

Doch nach und nach dachte er nur noch an die Wellen. Sie rollten immer größer und größer heran, je weiter die Nacht voranschritt.

Es sind nicht die wirklichen Wellen des Ozeans, die immer größer und größer heranrollen. Nun ist kein Unterschied mehr zwischen den Wellen seiner Fantasie und den wirklichen Wellen. Der Unterschied ist nicht mehr da. Nun weiß er nicht mehr, was ist was – was ist Traum und was ist Wirklichkeit? Er weiß es nicht. Er ist wieder wie ein kleines Kind. Nur Kinder haben diese Fähigkeit.

Am Morgen kann man erleben, dass ein Kind um sein Spielzeug weint, das es im Traum gesehen hat. Es will das Spielzeug wiederhaben und sagt: »Wo ist mein Spielzeug?« Und du versuchst ihm klarzumachen, dass es nur ein Traum war. Aber das Kind sagt: »Ja, und wo ist es jetzt?«

Es unterscheidet nicht zwischen Traum und Wachzustand. Für das Kind macht es keinen Unterschied. Es erlebt die Wirklichkeit als Einheit.

Wenn du sehr empfänglich wirst, wirst du wieder zum Kind.

Nun also diese Wellen:

Sie rollten immer größer und größer heran, je weiter die Nacht voranschritt. Sie spülten die Blumen hinweg, die in den Vasen vor dem Buddha standen, sie spülten die Vasen hinweg, ja, selbst den bronzenen Buddha.

Das ist schön! Für einen Buddhisten ist es sehr schwierig, sich vorzustellen, dass der Buddha hinweggespült wird. Hätte er zu sehr an seiner Religion festgehalten, dann hätte er an diesem Punkt haltgemacht.

Er hätte sich gesagt: »Jetzt reicht es aber! Auch Buddha wird hinweggespült? Was mache ich denn da? Nein, jetzt bin ich keine Welle mehr.« Er hätte vor den Füßen des Buddhas haltgemacht, hätte die Füße Buddhas noch berührt, aber nicht mehr. Aber man muss daran denken, dass man eines Tages sogar diese Füße, die einem auf dem Weg so ungeheuer viel geholfen haben, loslassen muss. Auch die Buddhas müssen hinweggespült werden, denn diese Tür kann zu einem Hindernis werden, wenn man sich daran festklammert.

Immer größer und größer … Sie spülten die Blumen hinweg, die in den Vasen vor dem Buddha standen, sie spülten die Vasen hinweg, ja selbst den bronzenen Buddha. Beim Morgengrauen war der ganze Tempel nur noch wogendes Wasser …

Nicht, dass es wirklich so gewesen wäre, aber für O-Nami war es so. Wohlgemerkt, wenn du zu jener Zeit in diesem Tempel gewesen wärest, hättest du das wogende Wasser im Tempel nicht sehen können – es geschah nur für O-Nami. Es geschah in einer völlig anderen Dimension seines Seins. Das ist die Dimension der Poesie, der Fantasie, des Träumens – die Dimension des Intuitiven, Weiblichen, Kindhaften, der Unschuld. Er hatte die Türen seiner Vorstellungskraft geöffnet. Seine Vorstellungskraft erblühte zu einem tausendblättrigen Lotos.

Beim Morgengrauen war der ganze Tempel nur noch wogendes Wasser und O-Nami saß da, mit einem sanften Lächeln im Gesicht.

Er wurde zu einem Buddha! Das gleiche sanfte Lächeln, das eines Tages zu Buddha unter dem Bodhi-Baum kam, muss auch zu O-Nami gekommen sein. Plötzlich war er nicht mehr – und darin bestand das Lächeln: das Lächeln des Heimgekehrten. Das Lächeln, dass man nach Hause gefunden hat, das Lächeln, dass man nun nirgendwo mehr hingehen muss. Das Lächeln, dass man die Quelle erreicht hat, das Lächeln, dass man gestorben und wieder auferstanden ist.

O-Nami saß da, mit einem sanften Lächeln im Gesicht.

Am selben Tag nahm er an einem öffentlichen Ringkampf teil und gewann jede Runde. Und von jenem Tag an konnte keiner in Japan ihn je wieder besiegen.

Denn jetzt war es nicht mehr seine eigene Energie. Er war nicht mehr O-Nami – er war nicht mehr die Wellen, er war zum Meer geworden. Und wie kann man das Meer besiegen? Man kann nur die Wellen besiegen.

Sobald du das Ego fallen lässt, hast du alles Verlieren und Versagen, alle Frustration fallen gelassen. Solange du das Ego mit dir herumschleppst, bist du ein Versager. Solange du das Ego mit dir herumschleppst, bleibst du schwach. Sobald das Ego von dir abfällt, beginnt eine unendliche Kraft durch dich hindurchzufließen. Indem du das Ego fallen lässt, wirst du zu einem Fluss und beginnst zu fließen, zu schmelzen und zu strömen – du wirst lebendig.

Alles Leben ereignet sich aus dem Ganzen. Sobald du versuchst, dein eigenes Ding zu machen, erweist du dich einfach nur als dumm. Es ist so, als würde ein Blatt am Baum versuchen, sein eigenes Ding zu machen. Und nicht nur das, sondern auch noch gegen den Baum zu kämpfen, gegen die anderen Blätter zu kämpfen, gegen die Wurzeln zu kämpfen – in dem Glauben, sie seien ihm alle feindlich gesinnt.

Wir sind wie Blätter an einem Baum, einem großen Baum – du kannst ihn Gott nennen oder das Ganze oder wie immer du willst. Aber wir sind kleine Blätter am grenzenlosen Baum des Lebens. Es ist unnötig zu kämpfen. Der einzige Weg, nach Hause zu kommen, besteht darin, sich dem Leben hinzugeben.

2. Perfektionismus

Ich habe eine schöne Geschichte gehört: Es war einmal ein großer Bildhauer und Maler, ein großer Künstler. Seine Kunst war so perfekt, dass es kaum möglich war, die Statue eines Menschen, die er gemacht hatte, von dem Menschen selbst zu unterscheiden – so lebensecht und lebendig, so ähnlich war sie.

Ein Astrologe sagte ihm, dass sein Tod bevorstünde, dass er bald sterben werde. Das machte ihm natürlich große Angst; er fürchtete sich sehr. Und wie jeder Mensch den Tod zu vermeiden sucht, so suchte auch er ihn zu vermeiden. Er dachte darüber nach, er meditierte und fand eine Lösung. Er stellte einige Statuen von sich selbst her – elf an der Zahl – und als der Tod an seine Tür klopfte und der Engel des Todes eintrat, verbarg er sich zwischen den elf Statuen seiner selbst und hielt den Atem an.

Der Engel des Todes war verwirrt, er konnte seinen Augen nicht trauen. So etwas Ungewöhnliches war noch nie dagewesen! Wie jeder weiß, hat Gott noch nie zwei identische Menschen erschaffen. Er erschafft immer nur Unikate.

Er hält nichts von Routine, er ist ja kein Fließband. Er hat absolut etwas gegen Kopien, er macht nur Originale. Was war geschehen? Insgesamt zwölf Menschen – und alle sahen absolut gleich aus. Wen sollte er denn da mitnehmen? Er war doch nur wegen einem gekommen …

Der Engel des Todes konnte sich nicht entscheiden. Verwirrt, beunruhigt und nervös kehrte er zurück. Er fragte Gott: »Was hast du gemacht? Da sind zwölf Leute und sie sehen absolut gleich aus, aber ich soll nur einen holen. Wie soll ich das entscheiden?«

Gott lachte. Er winkte den Engel des Todes zu sich heran und flüsterte ihm eine Formel ins Ohr, einen Schlüssel, wie er den echten Menschen unter den unechten herausfinden konnte. Er gab ihm einen geheimen Code und sagte: »Geh nur und sprich es aus in dem Raum, wo der Künstler sich zwischen seinen eigenen Statuen verbirgt.«

Der Engel des Todes sagte: »Und wie soll das gehen?«

Gott sagte: »Keine Sorge. Geh einfach und versuche es.«

Also ging der Engel des Todes, immer noch zweifelnd, ob es funktionieren würde. Doch wenn Gott es sagte, musste er es befolgen. Er kam in das Zimmer, schaute sich um, und ohne jemand Bestimmten anzusprechen, sagte er: »Mein Herr, es ist alles perfekt, bis auf eines. Sie haben gute Arbeit geleistet, aber eines haben Sie übersehen. Da ist ein Fehler!«

Der Mann vergaß völlig, dass er sich versteckt hatte. Er sprang hervor und fragte: »Was für ein Fehler?«

Der Tod lachte und sagte: »Du bist ertappt! Der einzige Fehler ist, dass du dich selbst nicht vergessen kannst! Komm und folge mir.«

Normalerweise sind Künstler die größten Egoisten der Welt. Aber dann sind sie auch keine echten Künstler. Sie benutzen die Kunst als Mittel für ihre Ego-Trips. Künstler sind sehr egoistisch; ständig brüsten sie sich mit ihren Werken, ständig bekämpfen sie sich gegenseitig. Und jeder denkt, er wäre das Ein und Alles. Aber das ist keine echte Kunst.

Der wahre Künstler verschwindet völlig. Diese anderen sind nur Techniker. Ich möchte sie nicht Künstler nennen, sondern Techniker. Ich nenne sie nicht Schöpfer, ich nenne sie nur Verfasser. Ja, ein Gedicht zu verfassen ist etwas ganz anderes, als ein Gedicht zu erschaffen. Um Poesie zu verfassen, muss man die Sprache kennen, die Grammatik, die Regeln der Poetik. Es ist ein Spiel mit Worten, und wenn man das ganze Spiel kennt, kann man Gedichte machen. Sie werden nicht sehr poetisch sein, aber sie werden wie Gedichte aussehen. Technisch mögen sie perfekt sein, aber sie haben nur einen Körper – die Seele fehlt.

Die Seele erscheint nur, wenn der Künstler in seiner Kunst aufgeht – er ist nicht mehr getrennt von ihr. Wenn der Maler mit solcher Selbstvergessenheit malt, dass er nicht mehr da ist, dass er sich sogar schuldig fühlt, wenn er das Bild signiert, weil er weiß, dass er es nicht gemacht hat. Eine unbekannte Macht hat es durch ihn geschaffen. Er weiß, dass er besessen war – diese Erfahrung haben alle wirklich großen Künstler zu allen Zeiten gemacht: das Gefühl, besessen zu sein. Je größer der Künstler, desto klarer ist dieses Gefühl.

Und die Größten von allen – Mozart, Beethoven, Kalidas, Rabindranath Tagore – die Größten von allen, sie sind absolut sicher, dass sie nichts als ein hohles Bambusrohr waren und Gott durch sie hindurch gesungen hat. Sie waren die Flöten, aber das Lied stammte nicht von ihnen. Es floss durch sie hindurch, aber es kommt aus einer unbekannten

Quelle. Sie standen ihm nicht im Weg – das ist alles, was sie getan haben – aber geschaffen haben sie es nicht. Was für ein Paradox!

Die Seele erscheint nur, wenn der Künstler in seiner Kunst aufgeht – er ist nicht mehr getrennt von ihr. Wenn der Maler mit solcher Selbstvergessenheit malt, dass er nicht mehr da ist, dass er sich sogar schuldig fühlt, wenn er das Bild signiert, weil er weiß, dass er es nicht gemacht hat. Eine unbekannte Kraft hat es durch ihn geschaffen. Er weiß, dass er besessen war – diese Erfahrung haben alle wirklich großen Künstler zu allen Zeiten gemacht: das Gefühl, besessen zu sein. Je größer der Künstler, desto klarer ist dieses Gefühl.

Der wirkliche Schöpfer weiß, dass nicht er es geschaffen hat. Gott hat durch ihn hindurch gewirkt. Er hat von ihm Besitz ergriffen, von seinen Händen, seinem ganzen Wesen, und hat etwas durch ihn geschaffen – aber er war nur der Ausführende.

Das ist wirkliche Kunst, wenn der Künstler verschwindet – dann geht es nicht mehr um das Ego. Und dann wird Kunst zur Religiosität. Dann ist der Künstler ein Mystiker, nicht nur technisch korrekt, sondern auch existenziell authentisch.

Je weniger vom Künstler in seiner Arbeit enthalten ist, desto perfekter ist sie. Wenn der Künstler völlig abwesend ist, dann ist die Kreativität absolut perfekt. So ist der Zusammenhang, das müsst ihr euch merken. Je mehr der Künstler mit dabei ist, desto weniger perfekt wird das Werk sein. Wenn der Künstler zu sehr dabei ist, wird einem schlecht werden von seinem Werk – es wird neurotisch sein.

Es wird lediglich Ego sein, was kann es sonst sein? Ego ist Neurose.

Und noch eines müsst ihr euch merken: Das Ego möchte immer perfekt sein. Das Ego ist sehr perfektionistisch. Das Ego möchte immerzu größer und besser sein als andere; deshalb ist es perfektionistisch. Aber durch das Ego kann nichts Perfektes entstehen. Also ist die ganze Mühe absurd. Vollkommenheit kann es nur dann geben, wenn das Ego nicht da ist. Aber dann denkt man überhaupt nicht an Vollkommenheit.

Je weniger vom Künstler in seiner Arbeit enthalten ist, desto perfekter ist sie. Wenn der Künstler völlig abwesend ist, dann ist die Kreativität absolut perfekt. So ist der Zusammenhang, das müsst ihr euch merken.

Der wahre Künstler denkt also nie an Perfektion. Er verschwendet keinen Gedanken an Perfektion, er erlaubt sich einfach loszulassen, sich hinzugeben – und was immer dann geschieht, geschieht. Der wahre Künstler denkt sicherlich an Totalität, aber nie an Perfektion. Er will total sein, das ist alles. Wenn er tanzt, möchte er sich im Tanz auflösen. Er will nicht mehr da sein, denn solange der Tänzer anwesend ist, bedeutet es ein Hindernis für den Tanz. Die Grazie, der Fluss wird dadurch gestört und behindert. Wenn der Tänzer nicht da ist, sind alle Blockaden verschwunden und der Fluss ist ganz still und glatt.

Der wahre Künstler denkt mit Sicherheit an Totalität – wie er total darin aufgehen kann –, aber er denkt nie an Perfektion. Und das Schöne daran ist, wer total ist, ist perfekt. Und diejenigen, die an Perfektion denken, sind nie perfekt, sind nie total. Im Gegenteil, je mehr sie an Perfektion denken, umso neurotischer werden sie. Sie haben Ideale. Sie vergleichen sich ständig – und immer fällt der Vergleich zu ihren Ungunsten aus.

Der wahre Künstler denkt sicherlich an Totalität, aber nie an Perfektion. Er will total sein, das ist alles. Wenn er tanzt, möchte er sich im Tanz auflösen.

Wenn du ein Ideal vor Augen hast und meinst, solange du das nicht erfüllt hast, wirst du nicht perfekt sein, wie kannst du dann in deiner Handlung total sein? Wenn du zum Beispiel denkst, du müsstest ein Tänzer sein wie Nijinsky, wie kannst du dann in deinem Tanz total sein? Dann bist du immer auf der Hut, beobachtest dich und versuchst dich zu verbessern, hast Angst einen Fehler zu machen. Du bist geteilt! Ein Teil von dir tanzt, ein anderer Teil ist da und urteilt, steht daneben und verurteilt und kritisiert. Du bist geteilt, du bist gespalten.

Nijinsky war perfekt, weil er total war. Es geschah immer wieder, dass er beim Tanzen solche Sprünge machte, dass die Leute ihren Augen nicht trauten; selbst Wissenschaftler konnten es nicht glauben! Seine Sprünge waren gegen die Gesetze der Schwerkraft – es konnte nicht sein! Und wenn er wieder herunterkam, geschah es so langsam, wie eine Feder … auch das ist gegen alle Gesetze der Schwerkraft.

Er wurde immer wieder danach gefragt. Je mehr Leute ihn fragten und je mehr er sich dessen bewusst wurde, desto seltener kam es vor. Es kam ein Zeitpunkt in seinem Leben, an dem es ganz aufhörte, und der Grund war, dass er sich dessen zu bewusst geworden war – er verlor seine Totalität. Dann verstand er, wieso es nicht mehr passierte. Es war häufig passiert, aber immer dann, wenn Nijinsky im Tanz völlig aufgegangen war. In diesem völligen Losgelöstsein, in dieser völligen Entspannung, funktioniert man in einer völlig anderen Welt, nach anderen Gesetzen.

Lasst mich etwas über ein Gesetz sagen, das die Wissenschaft früher oder später entdecken wird. Ich nenne es das »Gesetz der Gnade«. So wie es das Gesetz der Schwerkraft gibt ... noch vor dreihundert Jahren war es unbekannt. Es wirkte aber schon, bevor man es kannte, denn ein Gesetz muss nicht bekannt sein, um zu wirken. Das Gesetz wirkte schon immer.

Es hat nichts mit Newton zu tun und dem Apfel, der vom Baum fiel. Äpfel pflegten auch schon vor Newton vom Baum zu fallen! Es ist nicht so, dass Newton das Gesetz entdeckt hätte und erst dann fingen die Äpfel an, von den Bäumen zu fallen. Das Gesetz war da und Newton entdeckte es.

Genauso gibt es dieses andere Gesetz: das Gesetz der Gnade, das nach oben zieht. Das Gesetz der Schwerkraft zieht die Dinge nach unten, das Gesetz der Gnade hebt die Dinge in die Höhe.

Im Yoga nennt man das »Levitation«. In einem gewissen Zustand der Selbstvergessenheit, in einem gewissen Zustand von Trunkenheit, trunken vom Göttlichen, in einem gewissen Zustand von völliger Hingabe, Egolosigkeit, beginnt dieses Gesetz zu funktionieren. Man wird emporgehoben. Man wird schwerelos.

Das geschah im Fall von Nijinsky. Aber du kannst es nicht herbeiführen, denn wenn du da bist, geschieht es nicht. Das Ego ist wie ein Stein um den Hals. Wenn das Ego nicht da ist, bist du schwerelos.

Und hast du es nicht manchmal in deinem eigenen Leben gefühlt? Es gibt Augenblicke, in denen du eine Art Schwerelosigkeit spürst. Du gehst auf der Erde, aber deine Füße berühren nicht den Boden – du schwebst zwanzig Zentimeter über dem Boden. Augenblicke der Freude, Augenblicke der Andacht, Augenblicke der Meditation, Augenblicke des Feierns, Augenblicke der Liebe ... und du bist schwerelos, du fühlst dich emporgehoben.

Und ich sage, dass die Wissenschaft es früher oder später entdecken muss, weil die Wissenschaft an ein bestimmtes Prinzip glaubt – an das Prinzip der polaren Gegensätze. Kein Gesetz kann für sich allein existieren; es muss seinen Gegenpol haben. Elektrizität kann nicht nur mit einem Pol, dem positiven oder dem negativen, funktionieren – beide sind nötig. Sie ergänzen sich gegenseitig.

Die Wissenschaft weiß, dass jedes Gesetz sein Gegenteil hat, zu seiner Ergänzung. Dem Gesetz der Gravitation muss ein Gesetz gegenüberstehen, als Ergänzung. Dieses Gesetz nenne ich vorläufig »Gnade« – in der Zukunft wird es irgendeinen anderen Namen bekommen, denn die Wissenschaftler werden es, wenn sie es entdecken, nicht »Gnade« nennen wollen. Aber das scheint mir der beste Name dafür zu sein.

Es gibt Augenblicke, in denen du auf der Erde gehst, aber deine Füße berühren nicht den Boden – du schwebst zwanzig Zentimeter über dem Boden. Augenblicke der Freude, Augenblicke der Andacht, Augenblicke der Meditation, Augenblicke des Feierns, Augenblicke der Liebe ... und du bist schwerelos, du fühlst dich emporgehoben.

»Das gegenwärtige Denken« ist ein Widerspruch in sich. Denken ist niemals gegenwärtig, es ist immer alt. Denken ist Vergangenheit – vorüber und vorbei, nichts anderes. Denken bedeutet Erinnerung; ein gegenwärtiges Denken kann es nicht geben. Gegenwärtig zu sein bedeutet, ohne Denken zu sein.

Wenn du im Hier und Jetzt bist, dann bist du gegenwärtig. Aber siehst du, dann verschwindet dein Denken! Kein Gedanke regt sich, kein Wunsch taucht auf. Deine Verbindung zur Vergangenheit ist unterbrochen, deine Verbindung zur Zukunft ist unterbrochen.

Denken ist nie ursprünglich, kann es gar nicht sein. Nicht-Denken ist ursprünglich, neu, frisch; Denken ist immer alt, muffig, abgestanden.

Man verwendet diese Begriffe »gegenwärtiges Denken«, »modernes Denken«, aber mit einer ganz anderen Bedeutung. Nur dann haben diese Begriffe überhaupt einen Sinn. Das Denken des neunzehnten Jahrhunderts war etwas völlig anderes; die Fragen, die man damals stellte, würde heute niemand mehr stellen. Fragen, die man im achtzehnten Jahrhundert sehr wichtig nahm, sind heute nur noch dumm. »Wie viele Engel haben auf einer Nadelspitze Platz?« – im Mittelalter war das eine der wichtigsten theologischen Fragen überhaupt. Wo findet man einen so dummen Menschen, der das heute noch für eine wichtige Frage hält? Aber damals haben die größten Theologen darüber diskutiert – keine unbedeutenden Leute, nein, berühmte Professoren haben ganze Abhandlungen darüber geschrieben. Konferenzen wurden abgehalten zu dem Thema: »Wie viele Engel …?« Wen interessiert das heute? Heute ist das völlig belanglos.

Denken ist Vergangenheit – vorüber und vorbei, nichts anderes. Denken heißt Erinnerung; ein gegenwärtiges Denken kann es nicht geben. Gegenwärtig zu sein bedeutet, ohne Denken zu sein.

Zu Buddhas Zeiten war eine wichtige Frage: »Wer erschuf die Welt?« Sie hielt sich jahrhundertelang, aber heute zerbricht sich kaum mehr jemand den Kopf darüber, wer die Welt erschuf. Es gibt zwar ein paar altmodische Leute, aber ganz selten werden mir solche Fragen gestellt. Buddha hingegen hatte tagtäglich damit zu tun. Es verstrich kein Tag, an dem nicht irgendjemand ihn gefragt hätte: »Wer erschuf die Welt?« Und immer wieder musste Buddha antworten, die Welt sei schon immer da gewesen und niemand habe sie erschaffen – doch damit gaben sich die Leute nicht zufrieden. Heute kümmert das keinen mehr. Es passiert ganz selten, dass mir jemand diese Frage stellt: »Wer erschuf die Welt?« In diesem Sinne ändert sich das Denken mit der Zeit. In diesem Sinne ist »gegenwärtiges Denken« eine Realität.

Sagt ein Mann zu seiner Frau: »Ich habe gesagt, wir gehen aus heute abend, und das ist zur Hälfte endgültig.« *Das* ist gegenwärtiges Denken. In der Vergangenheit hätte das kein Mann zu seiner Frau gesagt. Es war immer endgültig; er hatte das letzte Wort.

Zwei englische Ladies der oberen Zehntausend treffen sich zufällig in London beim Einkaufen. Als die eine merkt, dass die andere schwanger ist, fragt sie: »Ach, Liebste, was für eine Überraschung! Sie haben wohl geheiratet, seit wir uns zuletzt sahen?«

»Ja«, sagt die andere, »einen wunderbaren Mann! Er ist Offizier bei einem Ghurka-Regiment!«

»Ghurka?«, fragt die Lady etwas schockiert. »Aber Liebste, sind die nicht alle farbig?«

»Ach, nein«, antwortet die andere, »nur die gewöhnlichen Soldaten.«

»Wie modern Sie darüber denken!«

In diesem Sinne gibt es ein »modernes Denken«, aber sonst nicht. Moden kommen und gehen. Wenn man an Mode denkt, gibt es Veränderung. Aber sonst ist das Denken grundsätzlich immer alt.

Denken an sich ist alt, darum kann es kein »modernes Denken« geben. Selbst das modernste Denken gehört immer noch zur Vergangenheit.

Ein wirklich lebendiger Mensch lebt im Hier und Jetzt. Er lebt nicht aus der Vergangenheit, er lebt nicht für die Zukunft. Er lebt nur im Augenblick, für den gegenwärtigen Augenblick. Es gibt für ihn nur diesen Augenblick. Er ist spontan. Diese Spontaneität ist das Aroma des Nicht-Denkens.

Das Denken wiederholt sich ständig, das Denken geht ständig im Kreis. Das Denken ist ein Apparat – man füttert ihn mit Wissen und er wiederholt immer dasselbe Wissen. Er kaut dasselbe Wissen immer wieder.

Nicht-Denken ist Klarheit, Reinheit, Unschuld. Nicht-Denken ist der wahre Weg zum Leben, der wahre Weg zum Wissen, der wahre Weg zum Sein.

Der Intellekt ist etwas Unechtes, Pseudohaftes, ein Ersatz für Intelligenz. Intelligenz ist ein völlig anderes Phänomen – die wirkliche Sache.

Intelligenz verlangt ungeheuren Mut, Intelligenz verlangt ein abenteuerliches Leben. Intelligenz verlangt, dass du dich immer ins Unbekannte aufmachst, in den unerforschten Ozean. Dann entwickelt sich die Intelligenz, dann wird sie geschärft. Sie entwickelt sich nur, wenn sie in jedem Moment dem Unbekannten begegnet. Die Menschen haben Angst vor dem Unbekannten, die Menschen fühlen sich unsicher mit dem Unbekannten. Sie wollen das Vertraute nicht hinter sich lassen, darum haben sie einen unechten, künstlichen Ersatz für die Intelligenz geschaffen, und sie nennen ihn »Intellekt«.

Intellekt ist bloß mentaler Sport. Er kann nicht kreativ sein.

Ein wirklich lebendiger Mensch lebt im Hier und Jetzt. Er lebt nicht aus der Vergangenheit, er lebt nicht für die Zukunft. Er lebt nur im Augenblick, für den gegenwärtigen Augenblick. Es gibt für ihn nur diesen Augenblick.

Geht mal in die Universitäten und schaut, welche Art von kreativer Arbeit da geleistet wird. Dort werden Tausende von Abhandlungen geschrieben, Doktorate, Diplome und großartige Titel werden vergeben, doch keiner erfährt jemals, was mit seiner Doktorarbeit passiert. Das ganze Zeug stapelt sich als Müll in den Bibliotheken. Keiner liest es, keiner fühlt sich davon inspiriert – bis auf die paar Leute, die es lesen, weil sie vom gleichen Schlag sind und ebenfalls an einer Doktorarbeit schreiben. Ein zukünftiger Dr. phil. wird natürlich all dieses Zeug lesen.

Aber einen Shakespeare, Milton, Dostojewskij, Tolstoi, Rabrindranath Tagore oder Khalil Gibran bringen eure

Universitäten nicht hervor! Eure Universitäten erzeugen nur Schrott, absolut nutzloses Zeug. Darin besteht die intellektuelle Tätigkeit, die an der Universität passiert.

Intelligenz bringt einen Picasso, einen van Gogh, einen Mozart, einen Beethoven hervor. Intelligenz ist eine völlig andere Dimension. Sie hat nichts mit dem Kopf zu tun; sie hat etwas mit dem Herzen zu tun. Intellekt ist im Kopf, Intelligenz ist der Zustand eines wachen Herzens. Wenn dein Herz wach ist, wenn dein Herz vor lauter Dankbarkeit hüpft, wenn dein Herz im Einklang ist mit der Existenz, in Harmonie mit der Existenz, dann entsteht daraus Kreativität.

Die Menschen haben Angst vor dem Unbekannten, die Menschen fühlen sich unsicher mit dem Unbekannten. Sie wollen das Vertraute nicht hinter sich lassen, darum haben sie einen unechten, künstlichen Ersatz für die Intelligenz geschaffen, und sie nennen ihn »Intellekt«. Intellekt ist bloß mentaler Sport. Er kann nicht kreativ sein.

Intellektuelle Kreativität ist ein Ding der Unmöglichkeit. Der Intellekt bringt bloß Schrott hervor; er ist produktiv, kann alles Mögliche produzieren, doch er kann nichts erschaffen. Und was ist der Unterschied zwischen Produzieren und Erschaffen? Produzieren ist eine mechanische Tätigkeit, das kann jeder Computer. Die Computer machen das schon – viel effizienter, als man es je vom Menschen erwarten könnte. Intelligenz erschafft, sie produziert nicht. Produzieren bedeutet Wiederholung: Was man schon einmal gemacht hat, macht man immer und immer wieder. Kreativität bedeutet, etwas Neues ins Leben zu rufen und den Weg zu bereiten, dass das Unbekannte in das Bekannte eintreten kann, den Weg zu bereiten, dass der Himmel auf die Erde kommen kann.

Wenn ein Beethoven auftaucht oder ein Michelangelo oder ein Kalidas, dann öffnen sich die Himmel und es regnet Blüten aus dem Jenseits. Ich rede aus einem ganz bestimmten Grund hier nicht von Buddha, Christus, Krishna, Mahavira, Zarathustra, Mohammed – was sie erschaffen, ist so feinstofflich, dass ihr es nicht zu fassen vermögt. Was ein Michelangelo erschafft, ist grobstofflich; was ein van Gogh erschafft, ist sichtbar, man kann es sehen. Was ein Buddha erschafft, ist absolut unsichtbar. Um es zu verstehen, bedarf es einer Empfindsamkeit ganz anderer Art. Um einen Buddha zu verstehen, muss man intelligent sein. Buddhas Schöpfung ist nicht nur von ungeheurer Intelligenz, sie ist so überragend, so jenseits von allem Denken, dass man intelligent sein muss, um sie zu verstehen. Mit dem Intellekt kann man sie nicht verstehen.

Kreativität bedeutet, etwas Neues ins Leben zu rufen und den Weg zu bereiten, dass das Unbekannte in das Bekannte eintreten kann, den Weg zu bereiten, dass der Himmel auf die Erde kommen kann. Wenn ein Beethoven auftaucht oder ein Michelangelo oder ein Kalidas, dann öffnen sich die Himmel und es regnet Blüten aus dem Jenseits.

Nur zwei Arten von Menschen sind Schöpfer: die Poeten und die Mystiker. Die Poeten erschaffen in der grobstofflichen Welt und die Mystiker erschaffen in der feinstofflichen Welt. Die Poeten sind Schöpfer in der äußeren Welt – sie erschaffen ein Bild, ein Gedicht, ein Lied, Musik, Tanz – und die Mystiker sind Schöpfer in der inneren Welt. Die Kreativität des Poeten ist objektiv und die Kreativität des Mystikers ist subjektiv, vollkommen innerlich. Zuerst müsst ihr den Poeten verstehen, nur dann könnt ihr eines Tages auch den Mystiker verstehen – oder zumindest darauf hoffen. Der Mystiker ist die höchste Blüte der Kreativität. Doch dabei sieht man vielleicht gar nicht, dass der Mystiker irgendetwas tut.

Buddha hat kein einziges Bild gemalt, er hat nie einen Pinsel in die Hand genommen, hat kein einziges Gedicht verfasst, kein einziges Lied gesungen. Keiner hat ihn je tanzen sehen. Wenn du ihn beobachtest, sitzt er nur still da. Sein ganzes Wesen ist Stille. Und doch umgibt ihn eine Anmut, eine Grazie von unendlicher Schönheit, von exquisiter Schönheit, aber um das fühlen zu können, musst du sehr verletzlich sein. Du musst sehr offen sein, bereit, alles Argumentieren beiseite zu lassen. Bei einem Buddha kannst du nicht bloß Zuschauer sein; du musst zum Teilnehmer werden, denn an diesem Mysterium musst du teilnehmen. Dann wirst du sehen können, worin seine Schöpfung besteht. Er erschafft Bewusstsein, und Bewusstsein ist die reinste, die höchste Ausdrucksform.

Ein Lied ist schön, ein Tanz ist schön, weil darin etwas vom Göttlichen präsent ist. Doch in einem Buddha ist Gott zur Gänze präsent. Darum haben wir Buddha *»Bhagwan«* genannt, haben wir Mahavira *»Bhagwan«* genannt – weil Gott zur Gänze präsent ist.

Intellektuelle Aktivität kann euch in manchen Dingen zu Experten machen, nützlich und effizient. Aber der Intellekt tappt im Dunkeln, ihm fehlen die Augen, denn er ist noch nicht meditativ. Der Intellekt ist etwas Geborgtes; ihm fehlt die eigene Sicht.

Das Thema war Sex. Im Fernsehquiz hatte Arthur seit Wochen sämtliche Fragen erfolgreich beantwortet. Jetzt bot sich die große Chance, den Jackpot zu gewinnen: hunderttausend Dollar. Für diese eine Frage durfte Arthur sogar einen Experten hinzuziehen und natürlich entschied er sich für einen weltbekannten Professor der Sexualwissenschaft aus Frankreich.

Dann kam die entscheidende Frage: »Angenommen, Sie wären König in den ersten fünfzig Jahren des assyrischen Reiches: Welche drei Körperteile Ihrer Braut müssten Sie während der Hochzeitsnacht küssen?« Wie aus der Pistole geschossen gab Arthur die ersten beiden Antworten: »Ihre Lippen und den Hals.«

Um die dritte Antwort verlegen, wandte sich Arthur in Panik an seinen Experten, doch der Franzose warf die Hände nach oben und stöhnte: »Alors, mon ami, mich dürfen Sie nicht fragen! Ich habe schon zweimal daneben getippt!«

Dem Experten, dem Gelehrten, dem Intellektuellen fehlt der eigene Einblick. Er ist abhängig von geborgtem Wissen, von der Tradition, von der Konvention. Ganze Bibliotheken schleppt er im Kopf mit sich herum, eine Riesenlast, aber er blickt überhaupt nicht durch.

Dem Experten, dem Gelehrten, dem Intellektuellen fehlt der eigene Einblick. Er ist abhängig von geborgtem Wissen, von der Tradition, von der Konvention. Ganze Bibliotheken schleppt er im Kopf mit sich herum, eine Riesenlast, aber er blickt überhaupt nicht durch. Er weiß viel, ohne wirklich etwas zu wissen.

Und weil das Leben nie gleich bleibt, weil es sich ständig verändert und von Moment zu Moment neu ist, hinkt der Experte immer hinterher. Seine Antworten sind immer unzureichend. Er kann nur reagieren, aber er kann keine wirklichen Antworten geben, denn er ist nie spontan. Er hat bereits seine Schlüsse gezogen und trägt lauter fertige Antworten in sich. Doch die Fragen, die das Leben stellt, sind immer neu.

Und außerdem ist das Leben kein logisches Phänomen, der Intellektuelle aber lebt von der Logik. Darum passt er nie zum Leben und das Leben passt nie zu ihm. Aber das Leben ist deswegen natürlich nie in Verlegenheit, nur der Intellektuelle ist in Verlegenheit. Er fühlt sich immer wie ein Außenseiter. Nicht, dass das Leben ihn ausgeschlossen hätte – er selbst hat sich außerhalb des Lebens gestellt. Wenn man zu sehr in der Logik festhängt, kann man niemals an dem lebendigen Prozess teilhaben, der diese Existenz ausmacht.

Das Leben ist mehr als Logik. Das Leben ist paradox, das Leben ist ein Mysterium.

Wenn man zu sehr in der Logik festhängt, kann man niemals an dem lebendigen Prozess teilhaben, der diese Existenz ausmacht. Das Leben ist mehr als Logik. Das Leben ist paradox, das Leben ist ein Mysterium.

Gannaway und O'Casey hatten sich auf ein Pistolenduell geeinigt. Gannaway war ziemlich korpulent und als er sah, wie sein hagerer Gegner ihm gegenüber Aufstellung nahm, erhob er Einspruch.

»Moment mal!« rief er. »Ich bin doppelt so dick wie er, also sollte ich doppelt so weit von ihm entfernt stehen wie er von mir.« – Absolut logisch, aber wie sollte das wohl gehen?

»Kein Problem!«, sagte sein Sekundant. »Ich bringe das in Ordnung.« Und er nahm ein Stück Kreide aus der Tasche und zeichnete dem dicken Mann zwei senkrechte Linien auf die Vorderseite seines Mantels, mit etwas Abstand dazwischen. Dann wandte er sich an O'Casey und sagte: »Jetzt können Sie loslegen, aber denken Sie dran: Kein Treffer außerhalb der Kreidelinie zählt!«

Völlig mathematisch, völlig logisch! Das Leben ist aber nicht so logisch, das Leben ist nicht so mathematisch. Und die Leute leben ständig in ihrem Intellekt, ganz logisch. Die Logik gibt ihnen das Gefühl, als ob sie etwas wüssten – aber es ist nur ein großes »Als ob«, und das vergisst man leicht. Alles, was du mit dem Intellekt machst, beruht nur auf einer abgeleiteten Schlussfolgerung. Es ist keine direkte Erfahrung der Wahrheit, sondern nur eine indirekte Ableitung, die auf deiner Logik beruht – und deine Logik ist deine eigene Erfindung.

O'Leary steht sternhagelbesoffen am Straßenrand und beobachtet die Parade zum Saint Patrick's Day. Dabei entgleitet ihm unbemerkt seine brennende Zigarette und fällt auf eine alte Matratze, die auf dem Gehsteig liegt. Just in diesem Moment kommt eine Gruppe grauhaariger Krankenschwestern in strammem Marsch vorbei. Die Matratze hat währenddessen zu schwelen begonnen und gibt einen bestialischen Gestank ab.

O'Leary schnüffelt ein paar Mal, dann sagt er zu einem daneben stehenden Polizisten: »Herr Inspektor, die Schwestern laufen heiß!«

Der Intellekt kann zu bestimmten Schlussfolgerungen gelangen, aber dieser Intellekt ist ein unbewusstes Phänomen. Du verhältst dich wie im Schlaf.

Intelligenz ist ein Erwachen. Und solange du nicht völlig erwacht bist, ist alles, was du beschließt, auf irgendeine Weise verkehrt. Das kann gar nicht anders sein; es muss zwangsläufig falsch sein, denn es ist eine Schlussfolgerung, die von einem unbewussten Verstand getroffen wurde.

Um eine Aktivität mit Intelligenz auszuführen, brauchst du nicht mehr Informationen – du brauchst mehr Meditation. Du musst stiller werden, musst frei von Gedanken werden. Du musst weniger im Kopf und mehr im Herzen sein. Du musst dir des Wunders bewusst werden, das dich umgibt ... das Wunder des Lebens, das Wunder Gottes, das Wunder der grünen Bäume und der roten Blumen, das Wunder in den Augen der Menschen. Überall vollzieht sich dieses Wunder.

Alles ist wunderbar, aber aufgrund des Intellekts bist du in dir verschlossen und klammerst dich an deine stupiden Schlussfolgerungen, zu denen du in deiner Unbewusstheit gelangt bist oder die du von anderen bekommen hast, die genauso unbewusst sind wie du.

Doch Intelligenz ist zweifellos etwas Schöpferisches, denn Intelligenz lässt dich in deiner Gesamtheit funktionieren – nicht nur als Teil, als ein so kleiner Teil, wie es der Kopf ist. Intelligenz lässt dein ganzes Wesen ins Pulsieren kommen – jede Zelle deines Seins, jede Faser deiner Lebendigkeit beginnt zu tanzen und findet eine subtile Harmonie mit dem Ganzen.

Das ist Kreativität: in absoluter Harmonie mit dem Ganzen zu pulsieren. Dann geschehen die Dinge ganz von allein. Aus deinem Herzen strömen Freudengesänge, unter deinen Händen beginnen sich die Dinge zu verwandeln. Du berührst Schlamm und er wird zur Lotosblüte. Du wirst zum Alchimisten. Das ist aber nur möglich durch ein großes Erwachen der Intelligenz, ein großes Erwachen des Herzens.

Der Intellekt kann zu bestimmten Schlussfolgerungen gelangen, aber dieser Intellekt ist ein unbewusstes Phänomen. Du verhältst dich wie im Schlaf. Intelligenz ist ein Erwachen. Und solange du nicht völlig erwacht bist, ist alles, was du beschließt, auf irgendeine Weise verkehrt.

4. Glaube

Ein Schaffender wird nicht viele Glaubenssätze mit sich herumtragen – eigentlich gar keine. Er hat nur seine eigenen Erfahrungen. Und das Schöne an Erfahrung ist, dass sie immer offen bleibt für weiteres Forschen. Glaube bedeutet immer etwas Abgeschlossenes, einen Schlusspunkt. Glaube ist immer etwas Fertiges, Vollendetes. Erfahrung ist nie abgeschlossen, sie bleibt immer unfertig. Wie könnte deine Erfahrung abgeschlossen sein, solange du am Leben bist? Deine Erfahrung entwickelt sich immer weiter, verändert sich, geht weiter. Sie ist eine ständige Bewegung vom Bekannten ins Unbekannte und vom Unbekannten ins Unerkennbare.

Denke daran: Erfahrung hat etwas Schönes, gerade weil sie unvollendet ist. Einige der großartigsten Lieder sind unvollendet. Einige der großartigsten Bücher sind unvollendet, einige der großartigsten Kunstwerke sind unvollendet. Das Unvollendete hat seine eigene Schönheit. Ich habe eine Zen-Parabel gehört:

Ein König kam zu einem Zen-Meister, um von ihm die Gartenkunst zu erlernen. Der Meister gab ihm drei Jahre Unterricht – und der König hatte einen wunderbaren, großen Garten, in dem Tausende von Gärtnern beschäftigt waren. Mit allem, was der Meister ihm sagte, ging der König hin und experimentierte damit in seinem Garten. Nach drei Jahren war der Garten absolut vollendet und der König lud den Meister ein, ihn sich anzusehen. Der König war sehr nervös, denn der Meister war sehr streng. Würde er es gutheißen? – denn es war eine Art Prüfung. Würde er sagen: »Ja, du hast mich verstanden«?

Der König hatte keine Mühen gescheut. Der Garten war in wunderbarer Weise vollendet; es fehlte nichts. Nun konnte der Meister kommen! Doch der Meister war von Anfang an traurig. Er schaute sich um, wanderte im Garten hierhin und dorthin und machte eine immer ernstere Miene. Der König fing an, sich große Sorgen zu machen. Noch nie hatte er ihn so ernst gesehen. Warum schaute er bloß so ernst? Was war denn falsch?

Wieder und wieder schüttelte der Meister den Kopf und sagte bei sich: »Nein.«

Der König fragte: »Was ist, Meister? Stimmt etwas nicht? Warum sagst du nichts? Du bist ja ganz traurig und ernst geworden und schüttelst den Kopf. Warum? Was ist denn verkehrt? Ich kann nichts Falsches sehen. Alles, was ich von dir gelernt habe, habe ich in diesem Garten praktiziert.«

Der Meister sagte: »Der Garten ist so vollendet, dass er tot ist. Er ist zu perfekt. Darum schüttle ich den Kopf und sage nein. Wo sind die toten Blätter? Wo sind die welken Blätter? Ich sehe kein einziges welkes Blatt!« Alles welke Laub hatte man entfernt. Auf den Wegen waren keine welken Blätter, an den Bäumen waren keine welken Blätter, kein altes, gelb gewordenes Laub. »Wo sind all die Blätter?«

Der König sagte: »Ich habe meine Gärtner alles entfernen lassen, damit es so perfekt wie möglich ist.«

Und der Meister sagte: »Darum sieht es so leblos aus, so künstlich. Gott macht nie etwas perfekt.« Und der Meister rannte hinaus aus dem Garten, dorthin, wo man all das welke Laub aufgehäuft hatte. Mit einem Eimer brachte er ein paar welke Blätter und warf sie in die Luft. Der Wind erfasste die welken Blätter und begann mit ihnen zu spielen und die Blätter fingen an, auf den Wegen zu tanzen. Er war entzückt. Er sagte: »Schau, jetzt lebt es!« Und mit den welken Blättern kamen auch die Töne zurück – die Musik des welken Laubes, das Rascheln der Blätter, mit denen der Wind spielte. Nun war ein Flüstern im Garten; vorher war er ganz still und tot gewesen, wie ein Friedhof. Es war keine lebendige Stille.

Ich liebe diese Geschichte. Der Meister sagte: »Es ist zu vollendet, deshalb stimmt es nicht.«

Kürzlich kam eine Frau zu mir. Sie erzählte, dass sie an einem Roman schreibt und verwirrt ist, wie sie weitermachen soll. Sie ist an einen Punkt gekommen, wo sie den Roman beenden könnte, sie könnte ihn aber auch fortsetzen, denn er ist noch nicht vollendet. Ich sagte ihr: »Beende ihn. Bringe ihn zu Ende, solange er noch unvollendet ist. Dann bleibt ein Geheimnis, etwas Unvollendetes ...« Und dann sagte ich: »Wenn deine Hauptfigur noch irgendetwas tun muss, lass sie *Sannyasin* werden, ein Suchender. Dann liegt es nicht mehr in deiner Hand. Was kannst du machen? Dann gibt es ein Ende und trotzdem kann sich alles weiterentwickeln.«

Eine Geschichte kann nie wirklich schön sein, wenn sie absolut vollendet ist. Sie wird absolut tot sein. Erfahrung bleibt immer offen – und das bedeutet unvollendet. Glaube ist immer etwas Vollendetes, Abgeschlossenes. Die wichtigste Eigenschaft ist eine Offenheit für Erfahrung.

Der Verstand ist die Summe all deiner Glaubenssätze. Offenheit bedeutet, den Verstand beiseite zu lassen. Offenheit bedeutet, ohne das Einschalten des Verstandes immer wieder völlig neu auf das Leben zu schauen, mit einem neuen Blick. Der Verstand gibt dir einen alten Blick, mit alten Vorstellungen: »Betrachte es auf diese Weise!« Aber dann siehst du die Dinge gefärbt, dann schaust du nicht mehr richtig hin, sondern projizierst deine eigenen Vorstellungen auf sie. Dann wird die Wirklichkeit zu einer Leinwand, auf die du ständig etwas draufprojizierst.

Der Verstand ist die Summe all deiner Glaubenssätze. Offenheit bedeutet, den Verstand beiseite zu lassen. Offenheit bedeutet, ohne das Einschalten des Verstandes immer wieder völlig neu auf das Leben zu schauen, mit einem neuen Blick.

Schau ohne den Filter des Verstandes, schau aus dem Nichts, *Shunyata*. Wenn du ohne das Denken schaust, hast du eine andere Wahrnehmung – was du dann siehst, ist das, was *ist*. Und die Wahrheit befreit. Alles andere erzeugt Unfreiheit; nur die Wahrheit befreit.

In solchen Augenblicken, in denen du ohne Denken schaust, beginnt das Licht der Wahrheit in dich hineinzusickern.

Und je mehr du dieses Licht der Wahrheit genießt, desto mutiger wirst du und desto fähiger, den Verstand fallen zu lassen. Früher oder später kommt der Tag, an dem du schaust und das Denken ist nicht mehr da. Du schaust nach nichts Bestimmtem – du siehst einfach. Dein Blick ist rein. In diesem Moment wirst du zu einem *Avalokita* – zu einem, der mit reinen Augen sieht. Dies ist einer der Namen Buddhas: »Avalokita« – einer, der schaut, ohne zu projizieren; er sieht einfach.

Kreativität hat nichts mit einer bestimmten Tätigkeit zu tun – mit Malen, Dichten, Tanzen oder Singen. Sie ist an nichts Bestimmtes gebunden. Alles kann kreativ sein, wenn du einer Handlung diese Qualität verleihst. Eine Handlung ist an sich weder kreativ noch unkreativ. Man kann auf unkreative Weise malen, man kann auf unkreative Weise singen. Man kann auf kreative Weise den Boden sauber machen, man kann auf kreative Weise kochen.

Kreativität ist die Qualität, die du in eine Aktivität einbringst. Es ist eine innere Haltung, eine Sache der Einstellung, mit der du etwas angehst.

Als Erstes musst du dir also merken: Reduziere Kreativität nicht auf bestimmte Dinge. Es ist der Mensch, der kreativ ist, und wenn ein Mensch wirklich kreativ ist, wird alles, was er tut, ein Ausdruck von Kreativität sein. Sogar sein Gang wird kreativ sein und sogar wenn er still sitzt und gar nichts tut, ist sein Nichtstun ein kreativer Akt. Buddha, der unter dem Bodhi-Baum sitzt und nichts tut, ist der größte Schöpfer, den die Welt je gesehen hat.

Sobald du das verstehst – dass es an dir, an deiner Person liegt, ob du kreativ oder unkreativ bist –, dann löst sich dieses Problem auf.

Nicht jeder kann ein Maler sein, und das ist auch nicht notwendig. Wenn jeder ein Maler wäre, wäre die Welt nicht mehr schön; es wäre schwierig, darin zu leben. Und nicht jeder kann ein Tänzer sein, und das ist auch nicht nötig. Aber jeder Mensch kann kreativ sein.

Kreativität ist die Qualität, die du in eine Aktivität einbringst. Es ist eine innere Haltung, eine Sache der Einstellung, mit der du etwas angehst.

Was auch immer du tust – wenn du es mit Freude machst, wenn du es mit Liebe machst, wenn deine Handlung nicht bloß ökonomisch ist, dann ist es kreativ. Wenn etwas in dir daraus hervorwächst, wenn es dir Wachstum bringt, dann ist es spirituell, dann ist es kreativ, dann ist es göttlich. Du wirst göttlicher, indem du kreativer wirst.

Alle Religionen dieser Welt sagen: Gott ist der Schöpfer. Ich weiß nicht, ob er der Schöpfer ist oder nicht, aber eines weiß ich: Je schöpferischer du wirst, umso göttlicher wirst du. Wenn deine Schöpferkraft ihren Höhepunkt erreicht, wenn dein ganzes Leben schöpferisch wird, dann lebst du in Gott. Er muss also tatsächlich der Schöpfer sein, weil jene Menschen, die schöpferisch sind, ihm immer am nächsten waren.

Liebe das, was du tust. Sei meditativ, während du es tust – was auch immer es ist! Dann wirst du verstehen, dass sogar das Putzen kreativ sein kann. Mit welcher Liebe – dass du innerlich beinahe tanzt und singst! Wenn du den Fußboden mit einer solchen Liebe sauber machst, malst du ein unsichtbares Gemälde. Du erlebst diesen Moment mit solcher Freude, dass es dir inneres Wachstum bringt. Nach einem schöpferischen Akt kannst du nicht mehr derselbe sein.

Kreativität bedeutet, das zu lieben, was du tust – es zu genießen, es zu feiern. Vielleicht wird nie jemand davon erfahren – wer wird dich dafür loben, dass du den Boden sauber gemacht hast? Du wirst damit nicht in die Geschichte eingehen, die Zeitungen werden nicht deinen Namen oder dein Foto veröffentlichen – aber darauf kommt es nicht an. Du hast deine Freude daran gehabt. Der Wert liegt im Tun.

Wenn du also darauf aus bist, berühmt zu werden, und denkst, dann seist du kreativ ... wenn du meinst, man sei kreativ, wenn man so berühmt wird wie Picasso – dann verfehlst du es. Im Gegenteil, dann bist du überhaupt nicht kreativ; dann bist du nur ein Politiker, ein Ehrgeizling.

Wenn du berühmt wirst – gut, wenn nicht – auch gut. Das sollte nicht der Beweggrund sein. Der einzige Beweggrund sollte sein, dass du an allem Freude hast, was du tust – dass es eine Liebesaffäre für dich ist.

Wenn dein Tun eine Liebesaffäre ist, dann wird es kreativ. Kleine Dinge werden zu etwas Großartigem, wenn sie von Liebe und Wonne begleitet sind.

Was auch immer du tust – wenn du es mit Freude machst, wenn du es mit Liebe machst, wenn deine Handlung nicht bloß ökonomisch ist, dann ist es kreativ.

Wenn du glaubst, dass du unkreativ bist, dann wirst du auch unkreativ sein – denn Glaube ist nicht bloß Glaube. Er öffnet Türen, er schließt Türen. Wenn du einen falschen Glauben hegst, begleitet er dich als eine verschlossene Tür. Wenn du glaubst, unkreativ zu sein, dann wirst du unkreativ werden, denn dieser Glaube wird jede Möglichkeit, in Fluss zu kommen, stets behindern und aufheben. Er wird deine Energie nicht fließen lassen, weil du dir ständig sagst: »Ich bin unkreativ.«

Aber so hat man es uns allen beigebracht. Nur ganz wenige Menschen werden als Kreative anerkannt: ein paar Maler, ein paar Dichter – einer unter einer Million. Das ist töricht! Jeder Mensch wird als Schöpfer geboren. Wenn man Kinder beobachtet, kann man es sehen: Alle Kinder sind kreativ, aber wir zerstören nach und nach ihre Kreativität. Nach und nach zwingen wir ihnen falsche Ansichten auf. Nach und nach lenken wir sie von sich selbst ab. Nach und nach machen wir sie immer berechnender, politischer, ehrgeiziger.

Sobald Ehrgeiz hinzukommt, verschwindet die Kreativität – denn ein ehrgeiziger Mensch kann nicht kreativ sein, ein ehrgeiziger Mensch kann keine Aktivität um ihrer selbst willen lieben. Während er einen Roman schreibt, wird er vorausschauen und denken: »Wann bekomme ich den Nobelpreis?« Während er ein Bild malt, wird er vorauseilen. Er ist immer in der Zukunft. Doch ein kreativer Mensch ist immer in der Gegenwart.

Wenn du berühmt wirst – gut, wenn nicht – auch gut. Das sollte nicht der Beweggrund sein. Der einzige Beweggrund sollte sein, dass du an allem Freude hast, was du tust – dass es eine Liebesaffäre für dich ist.

Wir machen alle Kreativität zunichte. Niemand wird unkreativ geboren, doch wir machen neunundneunzig Prozent aller Menschen unkreativ. Aber einfach der Gesellschaft dafür die Schuld zu geben hilft auch nicht. Du musst dein Leben selbst in die Hand nehmen. Du musst die falschen

Prägungen aufgeben. Du musst die falschen, hypnotischen Autosuggestionen aufgeben, die man dir von Kindheit an mitgegeben hat. Lass sie fallen! Reinige dich von allen Konditionierungen – dann wirst du plötzlich sehen, wie kreativ du bist!

Sein ist gleichbedeutend mit Kreativsein. Es ist unmöglich, zu sein und *nicht* kreativ zu sein. Aber das Unmögliche ist eingetreten, dieses hässliche Phänomen ist eingetreten, weil all deine kreativen Quellen verstopft sind, blockiert sind, zerstört sind und deine ganze Energie in irgendwelche Aktivitäten gelenkt wurde, die man in der Gesellschaft für gewinnträchtig hält.

Glaube ist nicht bloß Glaube. Er öffnet Türen, er schließt Türen. Wenn du einen falschen Glauben hegst, begleitet er dich als eine verschlossene Tür. Wenn du glaubst, unkreativ zu sein, dann wirst du unkreativ werden, denn dieser Glaube wird jede Möglichkeit, in Fluss zu kommen, stets behindern und aufheben.

Unsere ganze Einstellung zum Leben ist geldorientiert. Geld ist aber eines der unkreativsten Dinge, für das man sich interessieren kann. Unsere ganze Orientierung ist machthungrig, doch Macht ist destruktiv und nicht kreativ. Ein Mensch, der hinter dem Geld her ist, wird destruktiv, denn Geld muss man sich erräubern, man muss es sich erbeuten. Nur wenn man vielen anderen etwas wegnimmt, kann man selbst zu Geld kommen. Macht zu erlangen bedeutet, dass man viele andere entmachten muss, dass man sie vernichten muss – nur so kann man selbst mächtig werden, nur so kommt man an die Macht.

Denke daran: Solches Tun ist destruktiv. Kreatives Tun wird mehr Schönheit auf diese Welt bringen. Es wird der Welt etwas geben und niemals etwas wegnehmen. Ein kreativer Mensch ist auf der Welt, um ihre Schönheit zu vermehren – durch ein Lied, ein Bild. Er wird dazu beitragen, dass die Welt mehr tanzt, sich mehr freut, mehr liebt, mehr meditiert. Wenn er diese Welt verlässt, wird er sie ein bisschen schöner zurücklassen. Ob ihn jemand kennt oder nicht, spielt keine Rolle. Er hinterlässt eine bessere Welt und ist ungeheuer erfüllt, weil sein Leben einen inneren Wert gehabt hat.

Nur ganz wenige Menschen werden als Kreative anerkannt: ein paar Maler, ein paar Dichter – einer unter einer Million. Das ist töricht! Jeder Mensch wird als Schöpfer geboren. Wenn man Kinder beobachtet, kann man es sehen: Alle Kinder sind kreativ.

Geld, Macht, Ruhm sind unkreativ – und nicht nur unkreativ, sondern destruktiv. Hüte dich davor! Wenn du diesen Dingen aus dem Weg gehst, kannst du sehr leicht kreativ werden. Ich sage nicht, dass deine Kreativität dir Macht, Ruhm und Geld bringen wird. Nein, ich kann dir keinen Rosengarten versprechen. Vielleicht wird sie dich sogar in Schwierigkeiten bringen. Vielleicht wird sie dich zwingen, ein ärmliches Leben zu leben. Ich kann dir nur versprechen, dass du tief im Innern der reichste Mensch überhaupt sein wirst; tief im Innern wirst du zufrieden sein; tief im Innern wirst du voller Freude und Jubel sein. Du wirst ständig neue Gaben von Gott erhalten, dein Leben wird gesegnet sein.

Es ist gut möglich, dass du in der Außenwelt nicht berühmt wirst, dass du nicht zu Geld kommst und in der so genannten Welt keinen Erfolg hast. In der so genannten Welt Erfolg zu haben bedeutet aber, in der inneren Welt zu scheitern, innerlich ein Versager zu sein. Was fängst du damit an, wenn dir die ganze Welt zu Füßen liegt, du aber dein eigenes Selbst verloren hast? Was wirst du tun, wenn dir die ganze Welt gehört, nur du selbst nicht? Ein kreativer Mensch gehört sich selbst. Er ist sein eigener Herr.

Darum haben wir im Osten die Sucher »*Swamis*« genannt. »*Swami*« bedeutet Meister, Herr seiner selbst. Es hat Bettler gegeben, die »*Swami*« genannt wurden – »*Meister*«. Es hat Kaiser gegeben, aber in der letzten Bilanz ihres Lebens erwiesen sie sich als Bettler. Ein Mensch, der hinter Geld und Macht und Ansehen her ist, ist ein Bettler, denn er bettelt ständig. Er hat der Welt nichts zu geben.

Sei ein Gebender! Teile, so viel du kannst! Und beachte, ich mache keinen Unterschied zwischen kleinen und großen Dingen. Wenn du von ganzem Herzen lächeln kannst, die Hand eines anderen Menschen halten und ihn anlächeln kannst, dann ist das ein kreativer Akt, eine große kreative Tat. Wenn du jemanden umarmst und an dein Herz drückst, bist du kreativ. Wenn du jemanden mit liebevollen Augen anschaust ... Ein einziger liebevoller Blick kann die ganze Welt eines Menschen verändern.

Sei kreativ. Kümmere dich nicht darum, *was* du tust – vieles muss getan werden –, aber tue es auf kreative Weise, voller Hingabe. Dann wird deine Arbeit zur Andacht. Dann wird alles, was du tust, wie ein Gebet sein. Und alles, was du tust, wird zur Opfergabe auf dem Altar des Lebens.

Gib diesen Glauben auf, dass du unkreativ seist. Ich weiß, wie solche Glaubenssätze zustande kommen: Du hast wahrscheinlich keine erstklassigen Zeugnisse gehabt, warst nicht Klassenbester. Vielleicht hat man deine Bilder nicht bewundert, und wenn du Flöte spielst, rufen die Nachbarn bei der Polizei an. Aber nur wegen dieser Dinge solltest du nicht die falsche Meinung von dir haben, du seiest unkreativ.

Wenn du von ganzem Herzen lächeln kannst, die Hand eines anderen Menschen halten und ihn anlächeln kannst, dann ist das ein kreativer Akt, eine große kreative Tat. Wenn du jemanden umarmst und an dein Herz drückst, bist du kreativ. Wenn du jemanden mit liebevollen Augen anschaust… Ein einziger liebevoller Blick kann die ganze Welt eines Menschen verändern.

Vielleicht kommt es auch daher, dass du anderen nacheiferst. Die Menschen haben eine so enge Vorstellung von dem, was Kreativsein heißt – Gitarre oder Flöte zu spielen oder Gedichte zu schreiben – und dann verfassen sie irgendwelchen Schrott und nennen es Poesie. Du musst herausfinden, was dir liegt und was nicht. Nicht jeder kann alles können! Aber du musst dich auf die Suche machen und deine Bestimmung finden. Du wirst im Dunkeln tappen müssen, ich weiß. Es ist nicht so eindeutig erkennbar, was deine Bestimmung ist – aber so ist das Leben. Und es ist gut, dass man danach suchen muss. Durch diese Suche wird etwas in dir wachsen.

Wenn dir bei deinem Eintritt ins Leben ein Lebensplan mitgegeben worden wäre – »So und so wird dein Leben aussehen, du wirst ein Gitarrenspieler werden«, dann würde dein Leben sehr mechanisch ablaufen. Nur eine Maschine ist vorhersehbar, ein Mensch nicht. Der Mensch ist unvorhersehbar. Beim Menschen ist immer alles offen – er hat das Potenzial für tausenderlei Möglichkeiten. Viele Türen öffnen sich und bei jedem Schritt gibt es immer viele Alternativen – und du musst wählen, du musst es spüren. Aber wenn du dein Leben liebst, wirst du in der Lage sein, es zu finden.

Wenn du aber nicht dein Leben, sondern etwas anderes liebst, dann entsteht ein Problem. Wenn du das Geld liebst und deswegen kreativ sein willst, kannst du nicht kreativ werden. Dein Ehrgeiz nach Geld wird deine Kreativität zunichte machen. Wenn du Ruhm haben willst, vergiss die ganze Kreativität. Ruhm ist leichter zu erlangen, wenn man destruktiv ist. Ruhm kommt leichter zu einem Adolf Hitler oder zu einem Henry Ford. Man wird leichter berühmt, wenn man in Konkurrenz tritt, wenn man auf Biegen und Brechen konkurriert. Wenn man imstande ist, andere fertigzumachen oder umzubringen, dann stellt sich der Ruhm viel leichter ein.

Unsere ganze Geschichtsschreibung ist eine Geschichte von Mördern. Wenn du zum Mörder wirst, wirst du schnell berühmt. Du kannst Premierminister werden, du kannst Präsident werden – aber das sind alles nur Masken. Dahinter findet man sehr gewalttätige Leute, schrecklich gewalttätige Leute, die sich hinter ihrem Lächeln verstecken. Ihr Lächeln ist Politik, es ist Diplomatie. Wenn die Maske verrutscht, sieht man, dass sich dahinter immer ein Dschingis Khan, Tamerlan, Napoleon, Alexander oder Hitler verbirgt.

Wenn du berühmt werden willst, sprich lieber nicht von Kreativität. Ich schließe nicht aus, dass auch ein kreativer Mensch berühmt werden kann, aber es geschieht selten, äußerst selten. Und wenn, dann eher zufällig, und es braucht seine Zeit. Es ist fast immer so, dass ein kreativer

Mensch erst nach seinem Abgang berühmt wird – es geschieht immer posthum, mit großer Verspätung.

Jesus war zu seiner Zeit überhaupt nicht berühmt. Wenn es die Bibel nicht gäbe, wüsste man gar nichts von ihm. Die Berichte stammen von vier seiner Jünger; außer ihnen hat niemand auch nur erwähnt, dass er überhaupt existierte. Er war nicht berühmt, er war auch nicht erfolgreich. Könnt ihr euch einen größeren Verlierer vorstellen als Jesus? Und dennoch wurde er mit der Zeit immer bedeutender und die Leute fingen an, ihn anzuerkennen. Es braucht seine Zeit.

Je bedeutender jemand ist, desto mehr Zeit brauchen die Menschen, um ihn anzuerkennen, denn wenn ein großer Mensch geboren wird, gibt es keine Kriterien, an denen man ihn messen könnte, gibt es keine Landkarten, mit denen man ihn einordnen könnte. Er muss sich seine eigenen Werte erschaffen, und bis es so weit ist, dass er seine Werte geschaffen hat, ist er schon wieder abgetreten. Es dauert Jahrhunderte, bis ein kreativer Mensch anerkannt wird, und auch dann ist es nicht garantiert. Es gab unzählige kreative Menschen, die niemals anerkannt wurden. Es ist reiner Zufall, wenn ein kreativer Mensch Erfolg hat. Für einen unkreativen, destruktiven Menschen ist Erfolg viel wahrscheinlicher.

Wenn du also im Namen der Kreativität etwas anderes anstrebst, dann lass die ganze Idee des Kreativseins lieber fallen! Soweit es dir bewusst ist, zumindest von deiner Absicht her, tue genau das, was du tun willst. Verstecke dich nie hinter Masken. Wenn du wirklich kreativ sein willst, spielen Geld, Erfolg, Ruhm und Ansehen keine Rolle – dann erfreust du dich an deinem Tun; dann hat jeder Akt seinen eigenen inneren Wert. Dann tanzt du, weil du gerne tanzt; du tanzt, weil es dir ein Vergnügen ist. Wenn jemand es zu schätzen weiß – gut, dann wirst du dankbar sein. Doch wenn niemand es zu schätzen weiß, macht es dir nicht das Geringste aus. Du hast beim Tanzen deine Freude gehabt – das ist schon Erfüllung genug.

Doch diese Meinung, dass du unkreativ seist, kann gefährlich sein – gib sie auf! Niemand ist unkreativ, nicht einmal die Bäume, nicht einmal die Felsen. Wer die Bäume kennt und liebt, der weiß, dass jeder Baum sich seine eigene Sphäre erschafft, und auch jeder Fels tut das. Sie kreieren sich ihre eigene, unverwechselbare Sphäre. Wenn du sensibel genug wirst, verständnisvoll und voller Empathie, wird es dir etwas sehr Wertvolles geben: Du wirst sehen können, dass jeder Baum auf seine eigene Weise kreativ ist; kein anderer Baum gleicht ihm. Jeder Baum ist einzigartig; jeder Baum hat seine Individualität, so wie jeder Fels seine Individualität hat. Bäume sind nicht bloß Bäume – es sind Wesen. Felsen sind nicht bloß Felsen – es sind Wesen. Geh und setz dich neben einen Felsen: Beobachte ihn voller Liebe, berühre und spüre ihn voller Liebe.

Man erzählt von einem Zen-Meister, der in der Lage war, riesige Felsbrocken zu heben und zu bewegen – dabei war er ein ganz zart gebauter Mann. Es war eine schiere Unmöglichkeit, wenn man seinen Körperbau betrachtete! Kräftigere Männer, viel stärkere Kerle als er, waren nicht imstande, diese Felsen von der Stelle zu rücken, doch er konnte sie ganz leicht bewegen.

Man fragte ihn, was sein Trick dabei sei. Er sagte: »Es gibt keinen Trick. Ich liebe diesen Stein, darum hilft er mir. Erst sage ich zu ihm: ›Jetzt hast du mein Prestige in der Hand: All diese Leute sind gekommen, um zuzuschauen. Hilf mir jetzt! Unterstütze mich, ja?‹ – und dann fasse ich den Stein einfach liebevoll an und warte auf ein Zeichen.

Und wenn er mir ein Zeichen gibt – dabei läuft es mir wie ein Schauer durchs ganze Rückgrat –, wenn der Stein mir das Zeichen gibt, dass er bereit ist, dann bewege ich mich. Ihr bewegt euch gegen den Stein – darum braucht ihr so viel Energie. Ich bewege mich mit dem Stein, ich fließe mit dem Stein. Es ist eigentlich nicht richtig zu sagen, dass ich ihn hebe – ich bin einfach da. Der Stein hebt sich ganz von selbst.«

Ein anderer großer Zen-Meister war Schreiner, und wenn er Tische oder Stühle herstellte, hatten sie eine unfassbare Qualität, eine enorme Ausstrahlung. Man fragte ihn: »Wie machst du das?« Er sagte: »Ich mache es nicht. Ich gehe einfach in den Wald – und das Wichtigste ist, den Wald zu fragen, die Bäume selbst zu fragen, welcher Baum dazu bereit ist, ein Stuhl zu werden.«

Das hört sich absurd an – weil wir nichts darüber wissen, weil wir diese Sprache nicht beherrschen. Er blieb gewöhnlich drei Tage lang im Wald, setzte sich erst unter den einen Baum, dann unter einen anderen, und er redete mit den Bäumen – so ein Verrückter war er! Man beurteilt einen Baum nach seinen Früchten und diesen Meister muss man nach seinen Kreationen beurteilen.

Einige seiner Stühle existieren heute noch in China – sie haben noch immer diese Ausstrahlung. Man fühlt sich ganz einfach zu ihnen hingezogen, ohne zu wissen, was einen zieht. Und das nach tausend Jahren! Das ist etwas ungeheuer Schönes.

Er sagte: »Ich gehe hin und sage, dass ich einen Baum suche, der ein Stuhl werden will. Ich frage die Bäume, ob sie das wollen. Nicht nur, ob sie das wollen, sondern auch, ob sie mit mir zusammenarbeiten wollen, ob sie bereit sind, mit mir zu kommen – nur dann. Manchmal kommt es vor, dass kein Baum bereit ist, ein Stuhl zu werden – dann komme ich mit leeren Händen zurück.«

Jeder Mensch kommt mit einer besonderen Bestimmung in diese Welt. Jeder hat irgendeinen Auftrag zu erfüllen, eine Botschaft zu verkünden, eine Arbeit zu erledigen. Es ist kein Zufall, dass du hier bist – du bist aus einem ganz bestimmten Grund hier. Das Ganze möchte irgendetwas durch dich tun.

Einmal geschah es, dass der chinesische Kaiser ihn bat, ihm ein Regal für seine Bücher zu bauen. Und so ging er in den Wald und nach drei Tagen kam er wieder und sagte: »Du musst warten – kein Baum ist bereit, in den Palast zu kommen.« Nach drei Monaten fragte der Kaiser wieder. Der Schreiner sagte: »Ich bin ständig dort gewesen und habe versucht, sie zu überreden. Warte noch – einer der Bäume scheint ein wenig geneigt zu sein.« Dann überredete er einen Baum. Er sagte: »Darin besteht die ganze Kunst – dass der Baum von sich aus mitkommt. Dann bittet er einfach nur den Schreiner um Hilfe dabei.«

Wenn du liebevoll vorgehst, wirst du sehen, dass die ganze Existenz Individualität besitzt. Man darf die Dinge nicht überstürzen, darf sie nicht drängen. Beobachte, kommuniziere, sichere dir ihre Unterstützung – dann wirst du viel Energie sparen.

Sogar Bäume sind kreativ, Felsen sind kreativ. Und du bist ein Mensch – der Höhepunkt der Schöpfung! Du bist auf dem Gipfel, denn du bist bewusst. Glaube also nie den falschen Meinungen, dass du unkreativ seist. Vielleicht hat dein Vater einmal zu dir gesagt, dass du unkreativ seist, oder deine Mitschüler haben es gesagt. Vielleicht hast du in der falschen Richtung gesucht, in einer Richtung, wo du gar nicht kreativ bist, aber es muss auch eine Richtung geben, in der du tatsächlich kreativ bist.

Suche und forsche und bleibe offen. Und tappe so lange im Dunkeln, bis du es findest!

Jeder Mensch kommt mit einer besonderen Bestimmung in diese Welt. Jeder hat irgendeinen Auftrag zu erfüllen, eine Botschaft zu verkünden, eine Arbeit zu erledigen. Es ist kein Zufall, dass du hier bist – du bist aus einem ganz bestimmten Grund hier. Das Ganze möchte irgendetwas durch dich tun.

5. Streben nach Anerkennung

Unser ganzes Leben ist darauf aufgebaut, dass man uns beibringt, solange wir keine Anerkennung bekommen, sind wir ein Niemand, sind wir wertlos. Die Arbeit selbst ist nicht so wichtig wie die Anerkennung. Doch damit stellt man die Dinge auf den Kopf. Die Arbeit an sich sollte wichtig sein und Freude machen. Nicht um der Anerkennung willen sollte man arbeiten, sondern weil es Freude macht, kreativ zu sein. Man sollte die Arbeit um ihrer selbst willen lieben.

Man sollte es so sehen: Du arbeitest, weil du deine Arbeit liebst, aber nicht, weil du Anerkennung suchst. Wenn sie sich einstellt, nimm sie an, aber wenn sie sich nicht einstellt, denke nicht weiter darüber nach. Die Befriedigung sollte in der Arbeit selbst liegen. Und wenn jeder die einfache Kunst lernen würde, seine Arbeit zu lieben – was immer es ist – und Freude daran zu haben, ohne Anerkennung dafür zu suchen, dann wäre die Welt schöner und voller Lebensfreude.

So wie die Dinge liegen, seid ihr in einem leidvollen Muster gefangen. Was ihr macht, ist nicht deshalb gut, weil ihr es liebt und es perfekt macht, sondern weil die Welt euch dafür Anerkennung zollt, weil sie Belohnungen austeilt, weil sie Goldmedaillen und Nobelpreise dafür verleiht. Den Menschen wurde der ganze innere Wert genommen, der in der Kreativität liegt, und so hat man Millionen von Menschen kaputt gemacht – denn schließlich kann nicht jeder den Nobelpreis bekommen. In allen ist der Wunsch nach Anerkennung erzeugt worden und darum kann keiner friedlich und still vor sich hinarbeiten und sich an dem erfreuen, was er macht. Das Leben besteht aber aus den kleinen Dingen. Und für diese kleinen Dinge gibt es keine Belohnung, keine staatlich verliehenen Titel, keine Universitätsdiplome.

Einer der großen Dichter dieses Jahrhunderts, Rabindranath Tagore, lebte im indischen Bengalen. Er hatte seine Gedichte und Romane bereits in bengalischer Sprache veröffentlicht, aber die Anerkennung blieb aus. Dann übersetzte er ein kleines Buch, *Gitanjali*, »Darbringung von Liedern«, ins Englische. Ihm war bewusst, dass das Original eine Schönheit hatte, die die Übersetzung nicht hatte und gar nicht haben konnte, weil die beiden Sprachen Bengali und Englisch eine sehr unterschiedliche Struktur und Ausdrucksweise haben. Bengali klingt sehr süß. Selbst ein Streit hört sich in Bengali wie eine nette Unterhaltung an. Es ist sehr wohlklingend, jedes Wort ist Musik. Diese Eigenschaft fehlt der englischen Sprache und kann auch nicht hergestellt werden. Englisch hat andere Vorzüge. Aber trotzdem gelang es ihm irgendwie, das Buch zu übersetzen, und die Übersetzung, die im Vergleich zum Original armselig ist, erhielt den Nobelpreis. Plötzlich wurde ganz Indien auf ihn aufmerksam … Das Buch war schon seit Jahren in Bengali und anderen indischen Sprachen erhältlich gewesen, aber niemand hatte es beachtet.

Nun wollte ihm jede Universität den Doktorhut verleihen. Die Universität von Kalkutta, der Stadt, in der er lebte, bot ihm als Erste ein Ehrendoktorat an. Er lehnte ab. Er sagte: »Dieser Titel gilt nicht mir. Man zollt damit nicht meiner Arbeit Anerkennung, sondern dem Nobelpreis. Das Buch existiert ja schon länger und in einer viel schöneren Fassung, aber keiner hat sich die Mühe gemacht, eine Rezension darüber zu schreiben.« Er lehnte alle Ehrentitel ab. Er sagte: »Es ist beleidigend für mich.«

Jean-Paul Sartre, einer der großen Romanschriftsteller, ein Mann mit enormem Einblick in die menschliche Psyche, wies den Nobelpreis zurück. Er sagte: »Es war für mich genug Lohn, mein Werk zu schaffen. Ein Nobelpreis kann dem nichts hinzufügen – im Gegenteil, er schmälert es. Er ist gut für Amateure, die nach Anerkennung streben. Ich bin alt genug und ich habe genug Freude erlebt. Ich habe alles geliebt, was ich tat, und darin lag der Lohn. Ich will keine andere Belohnung, denn nichts könnte das, was ich schon empfangen habe, übertreffen.« Und er hatte Recht. Aber Leute, die so denken, gibt es nur wenige auf der Welt, und die Welt ist voll von Leuten, die derartigen Dingen auf den Leim gehen.

Warum dieses Streben nach Anerkennung? Nach Anerkennung zu streben erscheint nur dann sinnvoll, wenn du deine Arbeit nicht liebst. Dann macht es einen Sinn; es ist eine Art Ersatz. Du hasst die Arbeit, du magst sie nicht, aber du tust sie, weil du dafür Anerkennung bekommst, weil du dafür gelobt und bestätigt wirst. Statt an Anerkennung zu denken, solltest du lieber deine Arbeit neu überdenken. Liebst du sie? Dann liegt ihr Sinn genau darin. Wenn du sie aber nicht liebst, dann ändere das.

Eltern und Lehrer hämmern dir ständig ein, dass du anerkannt werden musst, dass du akzeptiert werden musst. Das ist eine sehr schlaue Strategie, um Kontrolle über die Menschen auszuüben.

Du solltest etwas Grundlegendes erkennen: Tue, was immer du tun möchtest, was immer du liebst. Und suche nie nach Anerkennung; das ist Betteln. Warum solltest du nach Anerkennung suchen? Warum solltest du nach Bestätigung lechzen? Schau tief in dich hinein. Vielleicht liebst du nicht, was du tust; vielleicht hast du Angst, auf dem falschen Weg zu sein – dann würde die Bestätigung dir zeigen, dass du auf dem richtigen Weg bist. Anerkennung würde dir das Gefühl geben, dass du auf das richtige Ziel zusteuerst.

Nach Anerkennung zu streben erscheint nur dann sinnvoll, wenn du deine Arbeit nicht liebst. Dann macht es einen Sinn; es ist eine Art Ersatz. Du hasst deine Arbeit, du magst sie nicht, aber du tust sie, weil du dafür Anerkennung bekommst, weil du dafür gelobt und bestätigt wirst.

Bei dieser Frage geht es um die eigenen inneren Gefühle. Es hat nichts mit der Außenwelt zu tun. Warum solltest du dich von anderen abhängig machen? All diese Dinge hängen von anderen ab – du machst dich damit abhängig.

Ich würde keinen Nobelpreis annehmen. Die ganze Verurteilung, die ich von allen Ländern rund um die Welt, von allen Religionen bekommen habe, ist mir mehr wert! Den Nobelpreis zu akzeptieren würde bedeuten, mich abhängig zu machen. Dann wäre ich nicht mehr auf mich selbst stolz, sondern auf den Nobelpreis. So wie es jetzt ist, kann ich nur auf mich selbst stolz sein; das ist das Einzige, worauf ich stolz sein kann.

Auf diese Weise wirst du zu einem Individuum. Und ein Individuum zu sein, das in absoluter Freiheit lebt, auf deinen eigenen Füßen zu stehen und dich aus deinen eigenen Quellen zu speisen – das macht dich zu einem wirklich zentrierten und geerdeten Menschen. Das ist der Anfang deines höchsten Erblühens.

Diese so genannten anerkannten, mit höchsten Ehren dekorierten Leute stecken voller Müll und sonst gar nichts. Sie sind vollgestopft mit dem Müll, den die Gesellschaft von ihnen erwartet – und die Gesellschaft entschädigt sie dafür, indem sie ihnen Preise verleiht.

Ein Mensch, der sich seiner eigenen Individualität bewusst ist, lebt seine eigene Liebe, macht seine eigene Arbeit und kümmert sich überhaupt nicht darum, was andere davon halten.

Ein Mensch, der sich seiner eigenen Individualität bewusst ist, lebt seine eigene Liebe, macht seine eigene Arbeit und kümmert sich überhaupt nicht darum, was andere davon halten. Je höher der Wert deiner Arbeit, desto geringer ist die Chance, dafür Anerkennung zu erhalten. Und wenn du geniale Arbeit machst, wirst du zu deinen Lebzeiten nicht dafür geachtet werden. Man wird dich verurteilen, solange du lebst. Und dann, zwei oder drei Jahrhunderte später, wird man dir Denkmäler errichten und deine Bücher in Ehren halten – denn es dauert etwa zwei, drei Jahrhunderte, bis die Menschheit zur gleichen Intelligenz gelangt, die ein Genie heute besitzt. Der Abstand ist riesig.

Wenn du von Idioten respektiert werden willst, musst du dich nach ihren Gepflogenheiten, ihren Erwartungen richten. Wenn du von dieser kranken Menschheit respektiert werden willst, musst du noch kränker sein als sie, dann wird sie dich respektieren. Aber was gewinnst du daraus? Du verlierst nur deine Seele und wirst gar nichts gewinnen.

Vier Schlüssel

Wenn du etwas erschaffst, hast du einen Geschmack vom Leben –
und es ist abhängig von deiner Intensität, deiner Totalität.
Das Leben ist kein philosophisches Problem,
sondern ein religiöses Mysterium, und alles kann zur Tür werden –
sogar das Saubermachen des Fußbodens.
Wenn du es kreativ, liebevoll und total machen kannst,
bekommst du einen Geschmack vom Leben.

1. Werde wieder zum Kind

Werde wieder zum Kind und du wirst kreativ sein. Alle Kinder sind kreativ. Kreativität braucht Freiheit – Freiheit vom Denken, Freiheit vom Wissen, Freiheit von Vorurteilen. Kreativ ist man, wenn man fähig ist, etwas Neues zu versuchen. Ein kreativer Mensch ist kein Roboter. Roboter sind nie kreativ, sie wiederholen nur. Werde also wieder zum Kind.

Es wird dich überraschen, aber alle Kinder sind kreativ. Alle Kinder, wo auch immer sie zur Welt kommen, sind kreativ. Doch wir gestehen ihnen ihre Kreativität nicht zu; wir ersticken ihre Kreativität und machen sie zunichte. Wir stürzen uns auf die Kinder und bringen ihnen bei, wie man die Dinge auf die richtige Art und Weise macht.

Denke daran: Ein kreativer Mensch probiert andauernd falsche Wege aus. Wenn du immer alles richtig machen willst, wirst du nie kreativ sein, denn die »richtige Art und

Weise« ist der Weg, den andere schon entdeckt haben. Natürlich wirst du etwas zustande bringen, wenn du den richtigen Weg gehst, doch du wirst ein Produzent sein, ein Hersteller, ein Techniker – aber kein Schöpfer.

Was ist der Unterschied zwischen einem Hersteller und einem Schöpfer? Ein Hersteller weiß, wie man es richtig macht; er kennt den ökonomischsten Weg, etwas zu machen. Er schafft das Maximale mit dem geringsten Aufwand, aber er ist eben nur ein Produzent.

Ein Schöpfer spielt herum. Er weiß nicht, wie es richtig geht, darum probiert er herum und sucht immer wieder in verschiedenen Richtungen. Viele Male schlägt er eine falsche Richtung ein, doch überall, wo er hinkommt, lernt er etwas dazu. Das lässt ihn reicher und reicher werden. Er macht etwas, das vor ihm noch keiner gemacht hat. Würde er dem richtigen Weg folgen, wäre er dazu nicht imstande.

Hört euch diese kleine Geschichte an:

In der Sonntagsschule lässt die Lehrerin die Kinder ein Bild der Heiligen Familie malen. Als sie sich die fertigen Bilder anschaut, stellt sie fest, dass die meisten Kinder das Übliche gemalt haben: die Heilige Familie mit der Krippe, die Heilige Familie auf dem Maulesel und Ähnliches. Doch dann ruft sie einen kleinen Jungen auf und bittet ihn, sein Bild zu erklären. Es zeigt ein Flugzeug mit vier Köpfen, die aus den Fenstern herausschauen.

»Ich verstehe, dass du drei Köpfe gemalt hast, für Josef, Maria und Jesus«, sagt sie. »Aber wem gehört denn der vierte?«

»Ach«, sagt der Junge, »das ist Pontius Pilotus!«

Ist das nicht schön? Genau das ist Kreativität. Er hat etwas entdeckt. Aber so etwas können nur Kinder. Du würdest dich das nicht trauen. Du hättest Angst, dich lächerlich zu machen.

Ein Schöpfer muss bereit sein, sich lächerlich zu machen. Ein Schöpfer muss seinen so genannten guten Ruf aufs Spiel setzen können. Deshalb kann man immer wieder feststellen, dass Dichter, Maler, Tänzer, Musiker keinen sehr guten Ruf haben. Und wenn sie zu Ansehen gelangen, wenn sie den Nobelpreis bekommen, dann sind sie nicht mehr kreativ. Von diesem Moment an verschwindet die Kreativität.

Ein Schöpfer muss bereit sein, sich lächerlich zu machen. Ein Schöpfer muss seinen so genannten guten Ruf aufs Spiel setzen können. Deshalb wirst du immer wieder feststellen, dass Dichter, Maler, Tänzer, Musiker keinen sehr guten Ruf haben.

Was ist passiert? Hast du je erlebt, dass ein Nobelpreisträger noch irgendetwas Wertvolles zustandegebracht hätte? Hast du je erlebt, dass eine renommierte Persönlichkeit etwas Kreatives hervorgebracht hätte? So jemand hat Angst, sein Ansehen zu verlieren, wenn er etwas falsch macht oder wenn irgendetwas schief geht. Er kann sich das nicht leisten. Sobald ein Künstler arriviert ist, stirbt etwas in ihm.

Nur wer bereit ist, seinen Ruf, seinen Stolz, sein Ansehen immer und immer wieder aufs Spiel zu setzen und sich auf etwas einzulassen, von dem sich sonst niemand etwas verspricht ... Schöpferische Menschen gelten immer als verrückt. Die Welt gibt ihnen Anerkennung, aber erst sehr spät. Man denkt immer, mit ihnen stimmt etwas nicht. Schöpferische Menschen sind exzentrisch.

Man darf also nicht vergessen: Jedes Kind wird mit den Fähigkeiten geboren, ein schöpferischer Mensch zu werden. Alle Kinder, ohne Ausnahme, wollen kreativ sein, aber wir lassen es nicht zu. Wir fangen sofort an, ihnen beizubringen, wie man etwas richtig macht, und sobald sie gelernt haben, wie etwas richtig geht, werden sie zu Robotern. Dann machen sie das Richtige immer und immer und immer wieder, und je öfter sie es machen, umso effizienter werden sie darin. Und je effizienter sie werden, umso mehr werden sie geachtet.

Irgendwann im Alter zwischen sieben und vierzehn passiert im Kind eine große Veränderung. Die Psychologie hat dieses Phänomen zu erforschen versucht. Warum ist das so und was geschieht da?

Das Gehirn besteht aus zwei Hälften, zwei Hemisphären. Die linke Gehirnhälfte ist unkreativ. Sie ist in technischer Hinsicht sehr kompetent, aber was Kreativität anbelangt, ist sie völlig untauglich. Sie kann nur das machen, was sie einmal gelernt hat, und das macht sie dann sehr effizient, perfekt. Sie ist mechanisch. Die linke Gehirnhemisphäre ist der Bereich der Vernunft, der Logik, der Mathematik. Es ist die kalkulierende, intellektuelle, disziplinierte, ordentliche Seite des Denkens.

Die rechte Gehirnhälfte ist genau das Gegenteil davon. Diese Hemisphäre ist der Bereich von Chaos, nicht von Ordnung, der Bereich von Poesie, nicht von Prosa, der Bereich von Liebe, nicht von Logik. Sie hat viel Sinn für Schönheit, sie hat großartige und originelle Einsichten, aber sie ist nicht effizient, sie kann nicht effizient sein. Der Schöpfer kann nicht effizient sein; er muss offen bleiben für das Experiment.

Ein schöpferischer Mensch kann sich nirgendwo niederlassen. Ein schöpferischer Mensch ist ein Vagabund, er bricht ständig seine Zelte ab. Er kann mal über Nacht bleiben, aber am Morgen ist er wieder fort – deshalb nenne ich ihn einen Vagabunden. Er wird nie ein Hausbesitzer, wird nie sesshaft. Irgendwo sesshaft zu werden wäre der Tod. Er ist immer bereit, ein Risiko einzugehen. Das Risiko ist seine große Liebe.

Doch das ist die rechte Gehirnhälfte. Die rechte Gehirnhälfte ist in Funktion, wenn das Kind geboren wird; die linke Gehirnhälfte funktioniert zu diesem Zeitpunkt noch nicht. Dann beginnen wir, das Kind zu unterrichten – verständnislos und unwissenschaftlich. Seit ewigen Zeiten haben wir den Trick gelernt, wie man die Energie von der rechten in die linke Gehirnhälfte verlagert, wie man die rechte Gehirnhälfte blockiert und die linke Gehirnhälfte ankurbelt. Das ist der Sinn des ganzen Schulsystems. Vom Kindergarten bis zur Universität drehen sich unsere ganze Erziehung und die so genannte Schulbildung nur darum. Es ist das Bestreben, die rechte Hemisphäre auszuschalten und die linke zu fördern. Irgendwann zwischen dem siebten und vierzehnten Lebensjahr haben wir es dann geschafft und das Kind zerstört. Das Kind ist tot.

Dann ist das Kind nicht mehr ungezähmt, wild – es wird zu einem Bürger. Es lernt Disziplin, Sprache, Logik, Prosa. Es fängt an, in der Schule andere auszustechen, wird ein Egoist und fängt an, all die neurotischen Dinge zu lernen, die in der Gesellschaft gang und gäbe sind. Es fängt an, sich für Macht und für Geld zu interessieren, und überlegt sich, wie es eine bessere Ausbildung bekommen kann, um mehr

Macht zu bekommen, und wie es zu mehr Geld kommt, zu einem großen Haus und all diesen Dingen. Es schwenkt um. Die rechte Gehirnhälfte funktioniert dann immer weniger – oder funktioniert nur noch im Traum, im Schlaf. Oder wenn man Drogen genommen hat.

Die große Anziehungskraft der Drogen im Westen kommt nur daher, dass der Westen es mit der allgemeinen Schulpflicht geschafft hat, die rechte Gehirnhälfte völlig lahmzulegen. Im Westen sind die Menschen zu gebildet; man ist ins andere Extrem gefallen, es ist zu einseitig geworden. Jetzt hat man keine andere Möglichkeit mehr ... Solange nicht ein Weg gefunden wird, um die rechte Gehirnhälfte in den Schulen, Universitäten und Ausbildungsstätten wieder zu beleben, so lange werden die Drogen nicht verschwinden. Drogen lassen sich nicht einfach durch Gesetze abschaffen. Es lässt sich nicht erzwingen, solange das innere Gleichgewicht nicht wiederhergestellt ist.

Die Anziehungskraft der Drogen besteht darin, dass sie sofort umschalten – die Energie verlagert sich von der linken in die rechte Gehirnhälfte. Nichts anderes macht die Droge. Alkohol bewirkt das seit Jahrhunderten, aber heute stehen noch wirksamere Drogen zur Verfügung: LSD, Marihuana, Psilocybin. Und in Zukunft wird es sogar noch wirksamere Drogen geben.

Und kriminell sind nicht die Drogenkonsumenten, kriminell sind die Politiker und die Erzieher. Sie sind schuld, denn sie haben den menschlichen Geist ins Extrem gezwungen – in solch ein Extrem, dass jetzt das Bedürfnis entstanden ist, dagegen zu rebellieren. Und das Bedürfnis ist gewaltig! Die Poesie ist völlig aus dem Leben der Menschen verschwunden, die Schönheit ist verschwunden, die Liebe ist verschwunden. Geld, Macht und Einfluss sind die einzigen Ziele geworden.

Wie lange kann die Menschheit ohne Liebe, ohne Poesie, ohne Freude, ohne Feiern noch weiterleben? Nicht mehr lange. Und die neue Generation erweist der Welt einen großen Dienst, weil sie überall die Idiotie dieser so genannten Erziehung aufzeigt. Es ist kein Zufall, dass Drogenkonsumenten fast immer auch zu Aussteigern werden. Sie verschwinden von den Universitäten und Hochschulen. Das ist kein Zufall – es ist ein Ausdruck derselben Rebellion.

Und wenn jemand erst einmal die Freuden kennengelernt hat, die ihm die Drogen bringen, dann wird es ihm schwer fallen, damit aufzuhören. Man kann nur dann aufhören, Drogen zu nehmen, wenn man bessere Möglichkeiten gefunden hat, zu einer poetischen Seinsweise zurückzufinden.

Meditation ist ein besserer Weg – weniger destruktiv, weniger schädlich als jedes chemische Mittel. Ja, sie richtet überhaupt keinen Schaden an, sie ist ein Segen. Meditation macht genau dasselbe: Sie verlagert das Denken von der linken in die rechte Gehirnhälfte. Sie setzt die innere Kapazität zur Kreativität frei.

Die großen Probleme, die durch Drogen in der Welt entstehen werden, können nur durch eines vermieden werden – und das ist Meditation. Eine andere Möglichkeit gibt es nicht. Wenn sich Meditation mehr und mehr durchsetzt und immer mehr Bedeutung im Leben der Menschen erlangt, dann werden die Drogen verschwinden.

Und die Erziehung muss sich darauf einstellen, nicht mehr so feindlich gegen die rechte Gehirnhälfte und ihre Funktionsweise vorzugehen. Wenn man den Kindern zeigt, dass in ihnen beide Seiten vorhanden sind, und sie lehrt, wie sie die beiden Seiten ihres Denkens unter verschiedenen

Bedingungen einsetzen können ... Es gibt Situationen, in denen man auf die linke Gehirnhälfte angewiesen ist – wenn man rechnen muss, auf dem Marktplatz, im täglichen Geschäftsleben –, aber es gibt auch Zeiten, in denen man die rechte Gehirnhälfte braucht.

Und man darf nie vergessen: Die rechte Gehirnhälfte ist das Ziel und die linke nur das Mittel zum Zweck. Die linke Gehirnhälfte sollte der rechten dienen – die rechte Gehirnhälfte ist der Boss. Du willst ja Geld verdienen, damit du das Leben genießen und feiern kannst. Du brauchst Geld auf dem Konto, damit du lieben kannst. Du brauchst Arbeit, damit du spielen kannst – aber das eigentliche Ziel ist das Spiel. Du arbeitest nur, damit du dich entspannen kannst – das eigentliche Ziel ist die Entspannung. Das Ziel liegt nicht in der Arbeit.

Eure Arbeitsmoral ist ein Überbleibsel aus der Vergangenheit; sie muss verschwinden. Und das ganze Erziehungswesen braucht eine echte Revolution. Niemand sollte zu etwas gezwungen werden, man sollte die Kinder nicht in Schablonen pressen. Was ist denn eure Schulbildung? Habt ihr jemals genauer hingeschaut? Habt ihr das jemals hinterfragt? Sie ist doch bloß ein Gedächtnistraining. Man wird davon nicht intelligent, im Gegenteil, man wird immer unintelligenter. Sie macht euch dumm! Beim Schuleintritt ist jedes Kind hochintelligent, aber es kommt selten vor, dass jemand, der die Universität absolviert hat, immer noch intelligent ist, sehr selten. Die Universität hat fast immer Erfolg. Ja, du kommst mit Titeln wieder heraus, aber diese Titel hast du dir teuer erkauft: Du hast deine Intelligenz verloren, hast deine Freude verloren, hast deine Lebendigkeit verloren – weil deine rechte Gehirnhälfte nicht mehr richtig funktioniert.

Eure Arbeitsmoral ist ein Überbleibsel aus der Vergangenheit; sie muss verschwinden. Und das ganze Erziehungswesen braucht eine echte Revolution. Niemand sollte zu etwas gezwungen werden, man sollte die Kinder nicht in Schablonen pressen.

Und was hast du gelernt? Informationen! Dein Geist ist voll von Gedächtnisinhalten. Du kannst alles Mögliche herunterleiern und wiedergeben – denn nichts anderes sind eure Prüfungen. Jemand gilt als besonders intelligent, wenn er all das, was man in ihn hineingestopft hat, wieder hervorholen kann. Zuerst zwingt man ihn, das alles zu schlucken und immer mehr in sich hineinzustopfen, und bei der Prüfung soll er es dann wieder erbrechen. Je wirksamer du erbrechen kannst, desto intelligenter bist du. Wenn du exakt all das wieder erbrechen kannst, was man dir eingegeben hat, dann bist du intelligent!

Das ist etwas, was man richtig verstehen muss: Du kannst nur dann dasselbe wieder erbrechen, wenn du es nicht verdaut hast, vergiss das nicht. Was du verdaut hast, kannst du nicht mehr hervorholen – dann wird etwas anderes herauskommen. Vielleicht kommt Blut heraus, aber nicht mehr das Brot, das du gegessen hast. Es kann nicht hochkommen, weil es nicht mehr da ist. Also musst du es im Magen behalten, ohne es zu verdauen – dann wird man dich für sehr, sehr intelligent halten. Die Dümmsten werden für die Intelligentesten gehalten. Das ist eine sehr bedauernswerte Situation.

Die Intelligenten passen möglicherweise gar nicht in das System. Wisst ihr, dass Albert Einstein die Aufnahmeprüfung an der Universität nicht bestanden hat? Er hatte solch eine kreative Intelligenz – es fiel ihm schwer, sich so dumm zu verhalten wie alle anderen.

Und all die so genannten Koryphäen an den Schulen, Hochschulen und Universitäten – sie gehen später sang- und klanglos unter. Sie erweisen sich als unbrauchbar; ihr Ruhm endet mit ihren ausgezeichneten Examensnoten. Danach hört man nie wieder etwas von ihnen. Das Leben fühlt sich ihnen gegenüber nicht verpflichtet. Was passiert mit diesen Leuten? Man hat sie kaputt gemacht. Sie haben sich ihre Zeugnisse teuer erkauft und dabei alles verloren. Jetzt tragen sie ihre Zeugnisse und Diplome vor sich her.

Diese Art von Erziehung muss total verändert werden. In die Klassenzimmer muss mehr Freude einkehren, in die Universitäten muss mehr Chaos einziehen, mehr Tanzen, mehr Singen, mehr Poesie, mehr Kreativität, mehr Intelligenz. Diese ganze Gedächtnishörigkeit muss verschwinden.

Wenn jemand auf eine neuartige Lösung kommt, sollte er dafür belohnt werden. Es sollte keine »richtige« Antwort geben, denn die gibt es tatsächlich nicht. Es gibt nur dumme oder intelligente Antworten. Diese ganze Klassifizierung in richtig und falsch ist verkehrt.

Man sollte die Einzelnen genauer beobachten und sie darin unterstützen, intelligenter zu werden. Wenn jemand auf eine neuartige Lösung kommt, sollte er dafür belohnt werden. Es sollte keine »richtige« Antwort geben, denn die gibt es tatsächlich nicht. Es gibt nur dumme oder intelligente Antworten. Diese ganze Klassifizierung in richtig und falsch ist verkehrt. Es gibt keine richtige und keine falsche Antwort. Entweder ist die Antwort dumm und bloß nachgeplappert oder die Antwort ist kreativ, spontan und intelligent. Und selbst wenn eine nachgeplapperte Antwort richtig erscheint, sollte sie nicht so hoch bewertet werden, weil sie ja nur nachgeplappert ist. Und selbst wenn eine intelligente Antwort nicht völlig richtig ist und den alten Vorstellungen nicht entspricht, sollte sie dennoch gelobt werden, weil sie neu ist. Sie beweist Intelligenz.

Was kannst du tun, wenn du kreativ sein willst? Mache alles rückgängig, was die Gesellschaft dir angetan hat. Mache alles rückgängig, was die Eltern und die Erzieher dir angetan haben. Mache alles rückgängig, was die Ordnungshüter, Politiker und Priester dir angetan haben. Nur so kannst du wieder kreativ werden, kannst du wieder dieses Prickeln verspüren, das du ganz am Anfang hattest. Es ist immer noch da und wartet unterdrückt in der Tiefe. Es kann sich wieder entfalten. Und wenn diese kreative Energie in dir zur Entfaltung kommt, wirst du religiös. In meinen Augen ist ein religiöser Mensch jemand, der schöpferisch ist. Jeder kommt kreativ zur Welt, aber nur wenige bleiben es.

Was kannst du tun, wenn du kreativ sein willst? Mache alles rückgängig, was die Gesellschaft dir angetan hat. Mache alles rückgängig, was die Eltern und die Erzieher dir angetan haben. Mache alles rückgängig, was die Ordnungshüter, Politiker und Priester dir angetan haben. Nur so kannst du wieder kreativ werden.

Es liegt an dir, dich aus dieser Falle zu befreien. Du kannst es. Natürlich verlangt es viel Mut, denn wenn du anfängst, alles abzulegen, was die Gesellschaft dir aufgezwungen hat, wird man dich nicht mehr respektieren, wird man dich nicht mehr loben. Die Leute werden dich für verrückt halten. Du wirst als Sonderling gelten und die Leute werden denken: »Der Arme! Bei dem ist eine Schraube locker!«

Das erfordert den größten Mut: ein neues Leben anzufangen, das dich für alle anderen zum Sonderling machen wird.

Selbstverständlich musst du etwas riskieren. Wenn du kreativ sein willst, musst du alles riskieren. Aber das ist es wert. Ein kleines bisschen Kreativität ist mehr wert als alle Königreiche dieser Welt.

2. Sei bereit zu lernen

»Disziplin« ist ein schönes Wort, aber es ist missbraucht worden, wie alle anderen schönen Wörter in der Vergangenheit missbraucht wurden. Das Wort »Disziplin« stammt aus der gleichen Wurzel wie das (englische) Wort *disciple* (Jünger, Schüler) und die Grundbedeutung dieser Wurzel ist »ein Prozess des Lernens«. Jemand, der bereit ist, etwas zu lernen, ist ein *disciple*, und der Prozess, etwas lernen zu wollen, bedeutet »Disziplin«.

Ein Mensch, der viel Wissen angehäuft hat, ist nie lernwillig, weil er denkt, er wüsste bereits alles. Er beruft sich auf sein so genanntes Wissen. Sein Wissen ist nichts anderes als Nahrung für das Ego. Er kann kein *disciple* sein, er kann sich nicht wirklich auf eine »Disziplin« einlassen.

Sokrates sagt: »Ich weiß nur eines: dass ich nichts weiß.« Das ist der Anfang von Disziplin. Wenn man nichts weiß, entsteht naturgemäß ein großer Drang, zu suchen, zu forschen, die Dinge herauszufinden. Und sobald man anfängt zu lernen, folgt als unausweichliche Konsequenz, dass man alles, was man lernt, ständig wieder fallen lassen muss, weil es sonst zu Wissen wird, das weiteres Lernen verhindert.

Ein Mensch von wahrer Disziplin häuft nie etwas an. In jedem Moment stirbt er für alles, was er erfahren hat, und wird wieder unwissend. Diese Unwissenheit ist von einer leuchtenden Transparenz. Ich stimme mit Dionysius überein, wenn er von »leuchtender Unwissenheit« spricht. Es ist eine der wunderbarsten Erfahrungen im Leben, in einem Zustand des transparenten Nicht-Wissens zu sein. In einem Zustand des Nicht-Wissens ist man offen. Dann hat man keine Barrieren, man ist bereit zu forschen.

Disziplin ist sehr oft missverstanden worden. Man hat uns erzählt, es sei notwendig, sein Leben zu disziplinieren – manche Dinge zu tun und andere zu unterlassen. Tausende von Geboten und Verboten hat man den Menschen auferlegt. Doch wenn ein Mensch nach Tausenden von Geboten und Verboten lebt, kann er unmöglich schöpferisch sein. Dann ist er ein Gefangener; überall stößt er gegen Wände.

Der schöpferische Mensch muss alle Gebote und Verbote von sich weisen. Er braucht Freiheit – Freiraum, unendlich viel Raum. Er braucht den ganzen Himmel und sämtliche Sterne. Nur dann kann seine innerste Spontaneität anfangen, sich zu entfalten.

Ein Mensch von wahrer Disziplin häuft nie etwas an. In jedem Moment stirbt er für alles, was er erfahren hat, und wird wieder unwissend. Diese Unwissenheit ist von einer leuchtenden Transparenz.

Merkt euch also: Meine Bedeutung von Disziplin ist nicht diejenige der Zehn Gebote. Ich gebe euch keinerlei

Disziplin. Ich gebe euch nur ein Verständnis dafür, wie ihr in Lernbereitschaft bleiben und Wissen vermeiden könnt.

Deine Disziplin muss aus deinem eigenen Herzen kommen, sie muss deine *eigene* sein – und das ist ein riesiger Unterschied. Wenn jemand anderer dir eine Disziplin gibt, wird sie niemals zu dir passen. Es ist, als würdest du anderer Leute Kleider tragen – sie sind entweder zu weit oder zu eng und du kommst dir immer etwas albern darin vor.

Mohammed gab den Mohammedanern eine Disziplin – sie mag für ihn selbst passend gewesen sein, aber sie kann für niemand anderen passend sein. Buddha hat Millionen von Buddhisten eine Disziplin gegeben – sie mag für ihn selbst gut gewesen sein, aber sie kann für niemand anderen gut sein. Eine Disziplin ist ein individuelles Phänomen. Wenn man sie von anderen übernimmt, fängt man an, nach festgelegten Regeln, nach toten Prinzipien zu leben. Doch das Leben ist nie tot; das Leben verändert sich unaufhörlich, in jedem Augenblick. Das Leben ist ein Fluss.

Der schöpferische Mensch muss alle Gebote und Verbote von sich weisen. Er braucht Freiheit – Freiraum, unendlich viel Raum. Er braucht den ganzen Himmel und sämtliche Sterne. Nur dann kann seine innerste Spontaneität anfangen, sich zu entfalten.

Heraklit hat Recht: Man kann nicht zweimal in denselben Fluss steigen. Ja, ich würde sogar sagen: Man kann auch nicht einmal in denselben Fluss steigen, denn der Fluss bewegt sich so schnell! Man muss wach und aufmerksam für jede Situation und all ihre Feinheiten sein und man muss auf die Situation entsprechend dem jeweiligen Augenblick reagieren und nicht nach vorgefertigten Antworten, die man von anderen bekommen hat.

Seht ihr, wie dumm die Menschen sind? Vor fünftausend Jahren hat Manu den Hindus eine Disziplin gegeben und sie befolgen sie immer noch! Vor dreitausend Jahren hat Moses den Juden eine Disziplin gegeben und sie befolgen sie immer noch! Vor fünftausend Jahren hat Adinatha den Dschainas seine Disziplin gegeben und sie befolgen sie immer noch! All diese Disziplinen haben die ganze Welt in den Wahnsinn getrieben. Sie sind veraltet, man hätte sie längst begraben sollen, schon lange. Ihr tragt all diese Leichen mit euch herum und diese Leichen stinken! Und was für ein Art von Leben könnt ihr leben, wenn ihr von Leichen umgeben seid?

Ich lehre euch den gegenwärtigen Augenblick und die Freiheit dieses Augenblicks, die Verantwortung dieses Augenblicks. Etwas, das in diesem Augenblick richtig ist, kann schon im nächsten falsch sein. Versucht nicht, konsequent zu sein, sonst seid ihr tot! Nur tote Leute sind konsequent.

Versuche, lebendig zu sein, mit allen Widersprüchlichkeiten, und lebe jeden Augenblick ohne Bezug zur Vergangenheit, aber auch ohne jeden Bezug zur Zukunft. Lebe den Augenblick im Kontext dieses Augenblicks, dann wird deine Antwort darauf total sein. Und diese Totalität hat ihre besondere Schönheit, diese Totalität ist schöpferisch. Dann wird alles, was du tust, seine eigene Schönheit haben.

3. Finde das Nirwana im Alltäglichen

Habt ihr je gehört, dass ein Gärtner, der Leben erschafft, das Leben verschönert, einen Nobelpreis bekommen hätte? Ein Bauer, der den Acker pflügt und Nahrung für euch alle erzeugt – ist er je dafür ausgezeichnet worden? Nein, er lebt und stirbt, als wäre er nie hier gewesen. Diese Trennung ist hässlich. Jede kreative Seele – ganz gleich, was sie hervorbringt – sollte geachtet und geehrt werden, um die Kreativität zu ehren. Aber sogar Politiker bekommen den Nobelpreis, und sie sind nichts als clevere Kriminelle. Alles Blutvergießen, das sich auf dieser Welt ereignet hat, geht auf das Konto der Politiker, und sie produzieren immer noch mehr und mehr Atomwaffen für den globalen Selbstmord.

In einer wirklich und wahrhaftig menschlichen Gesellschaft wird Kreativität geehrt und geachtet, denn die schöpferische Seele nimmt teil am Werk Gottes.

Doch unser Sinn für Ästhetik ist nicht sehr reich.

Jede kreative Seele – ganz gleich, was sie hervorbringt – sollte geachtet und geehrt werden, um die Kreativität zu ehren. Aber sogar Politiker bekommen den Nobelpreis, und sie sind nichts als clevere Kriminelle.

Das erinnert mich an Abraham Lincoln. Er war der Sohn eines Schusters und wurde Präsident von Amerika. Natürlich hat das alle Aristokraten gewaltig geärgert, beunruhigt und wütend gemacht. Es ist kein Zufall, dass Abraham Lincoln bald darauf ermordet wurde. Sie konnten den Gedanken nicht ertragen, dass das Land einen Schustersohn zum Präsidenten hatte.

Am ersten Tag, als er seine Antrittsrede vor dem Senat halten sollte und gerade im Begriff war, sich zu erheben, stand irgend so ein hässlicher Aristokrat auf und sagte: »Mister Lincoln, Sie sind zwar durch Zufall Präsident dieses Landes geworden, doch Sie sollten nicht vergessen, dass Sie immer mit Ihrem Vater in mein Haus kamen, um die Schuhe für unsere Familie anzufertigen. Und hier sind viele Senatoren, die Schuhe tragen, die Ihr Vater gemacht hat. Sie sollten Ihre Herkunft nie vergessen.«

Er dachte, damit würde er ihn erniedrigen. Aber einen Mann wie Abraham Lincoln kann man nicht erniedrigen. Nur kleine Leute, die an einem Minderwertigkeitskomplex leiden, kann man erniedrigen. Die wirklich Großen sind über Erniedrigung erhaben.

Abraham Lincoln sagte etwas, das sich jeder merken sollte. Er sagte: »Ich bin Ihnen sehr dankbar, dass Sie mich gerade jetzt, da ich meine erste Rede vor dem Senat halten soll, an meinen Vater erinnern. Mein Vater war ein wunderbarer Mensch und ein sehr kreativer Künstler. Es gab keinen, der so schöne Schuhe machen konnte wie er. Ich weiß ganz genau: Was immer ich auch tue, ich werde als Präsident nie so groß werden, wie er es als Schaffender war. Ich kann ihn nicht übertreffen.

Im übrigen möchte ich euch Aristokraten alle daran erinnern, falls die Schuhe meines Vater euch drücken: Auch ich habe diese Kunst von ihm gelernt. Ich bin kein großer Schuster, aber ausbessern kann ich eure Schuhe allemal. Ihr braucht es mich nur wissen zu lassen, dann komme ich zu euch ins Haus.«

Da wurde es ganz still im Senat und die Senatoren begriffen, dass es unmöglich war, diesen Mann zu erniedrigen. Und er hatte eine enorme Hochachtung vor der Kreativität bewiesen.

Es spielt keine Rolle, ob du malst, bildhauerst oder Schuhe machst, ob du Gärtner, Bauer, Fischer oder Zimmermann bist. Das spielt keine Rolle. Was zählt, ist, ob du deine innerste Seele in das hineingibst, was du erschaffst. Dann haben deine schöpferischen Produkte etwas von der Qualität des Göttlichen.

Es spielt keine Rolle, ob du malst, bildhauerst oder Schuhe machst, ob du Gärtner, Bauer, Fischer oder Zimmermann bist. Das spielt keine Rolle. Was zählt, ist, ob du deine innerste Seele in das hineingibst, was du erschaffst. Dann haben deine schöpferischen Produkte etwas von der Qualität des Göttlichen.

Vergiss nicht, Kreativität hat nichts mit einer bestimmten Arbeit zu tun. Kreativität hat etwas mit der Qualität deines Bewusstsein zu tun. Alles, was du tust, kann kreativ sein. Alles, was du tust, kann kreativ sein, wenn du weißt, was Kreativität bedeutet.

Kreativität bedeutet, jede Arbeit als Meditation zu genießen, jede Arbeit mit tiefer Liebe zu verrichten. Wenn du voll Liebe diese Halle hier sauber machst, ist es kreativ. Wenn du es nicht liebst, ist es natürlich eine Pflichtübung, eine lästige Pflicht, die von irgendjemand erledigt werden muss, eine Last. Dann hättest du noch gerne zusätzliche Zeit, um kreativ zu sein. Aber was wirst du mit der zusätzlichen Zeit anfangen? Kannst du etwas Besseres finden? Denkst du, wenn du malst, wirst du dich kreativer fühlen?

Malen ist genauso gewöhnlich, wie den Boden sauber zu machen. Du schüttest Farben auf eine Leinwand – und hier schüttest du Wasser auf den Boden, um ihn zu reinigen. Wo liegt da der Unterschied? Im Gespräch mit einem Freund hast du vielleicht das Gefühl, deine Zeit zu verschwenden.

Stattdessen könntest du ein großartiges Buch schreiben, das wäre kreativer! Aber jetzt ist ein Freund zu Besuch da. Ein bisschen Klatsch ist wunderbar – sei kreativ!

Alle großen Schriften sind nichts anderes als Klatsch von kreativen Leuten. Was mache ich denn hier ständig? Ich verbreite Klatsch (engl. *gossip*). Irgendwann wird man es »Evangelium« (engl. *gospel*) nennen, aber eigentlich ist es Klatsch. Und ich genieße es! Ich könnte ewig so weiterreden. Vielleicht werdet ihr es eines Tages leid sein, aber ich werde es nie leid. Es ist die reinste Freude. Gut möglich, dass ihr es eines Tages so leid seid, dass ihr alle verschwindet und außer mir keiner mehr da ist – aber ich werde immer noch weiterreden. Wenn man etwas wirklich liebt, ist es kreativ.

So geht es aber allen. Zu mir kommen viele Leute, und wenn sie neu sind, sagen sie: »Osho, gib mir eine Arbeit, egal was. Irgendeine Arbeit – und sei es Putzen!« Genauso sagen sie es: »Und sei es Putzen! Weil diese Arbeit für dich ist, darum macht es uns glücklich!« Doch ein paar Tage später kommen sie wieder und sagen: »Putzen ...! Wir hätten lieber eine kreativere Arbeit!«

Ich will euch eine Anekdote erzählen:

Frustriert von ihrem glanzlosen Liebesleben, gelingt es der jungen Ehefrau endlich, ihren Mann zu einer Hypnosetherapie zu überreden. Nach ein paar Sitzungen ist sein sexuelles Interesse wieder neu entflammt. Doch immer wenn sie sich lieben, stürzt er von Zeit zu Zeit aus dem Schlafzimmer, rennt ins Bad und kommt erst nach einer Weile wieder zurück.

Eines Tages folgt ihm die Frau, von Neugier getrieben, bis zum Badezimmer. Sie nähert sich der Badezimmertür auf

Zehenspitzen und da sieht sie ihn vor dem Spiegel stehen. Er starrt sein Spiegelbild an und murmelt dabei: »Sie ist nicht meine Frau … sie ist nicht meine Frau.«

Wenn du dich in eine Frau verliebst, seid ihr natürlich noch nicht verheiratet. Ihr liebt euch und genießt es. Aber dann tut ihr euch zusammen und sie wird deine Frau. Nun wird alles zur Gewohnheit. Du kennst ihr Gesicht, ihren Körper, die ganze Topografie, und du fängst an, dich zu langweilen.

Dieser Hypnotiseur hat wirklich gute Arbeit geleistet! Er gab ihm die Suggestion: »Immer wenn Sie Sex mit Ihrer Frau haben, denken Sie: ›Sie ist nicht meine Frau! Sie ist nicht meine Frau.‹«

Beim Putzen kannst du dir also vielleicht vorstellen, dass du ein Bild malst: »Ich putze nicht, ich mache etwas sehr Kreatives!« – und dann wird es so sein. Dein Verstand spielt seine Tricks mit dir. Wenn du das erst mal verstehst, kannst du deine Kreativität in jede Handlung einbringen.

Das Leben besteht aus den kleinen Dingen. Nur dein Ego meint immer, es seien kleine Dinge und du müsstest irgendetwas Großes vollbringen, großartige Dichtkunst. Du möchtest ein Shakespeare oder Kalidas oder Milton werden. Dein Ego erzeugt diese Probleme. Lass das Ego fallen, dann ist alles kreativ.

Wer das versteht, ist ständig kreativ. Nicht, dass er sich besonders bemühen würde, kreativ zu sein. Allein die Art, wie er dasitzt, ist ein schöpferischer Akt. Beobachtet, wie er dasitzt: Ihr werdet sehen, dass jede seiner Bewegungen eine tänzerische Anmut, eine gewisse Würde hat.

Erst kürzlich haben wir diese Geschichte von dem Zen-Meister gehört, der tot in der Grube stand, im Grab – voller Würde. Sogar sein Sterben war ein schöpferischer Akt! Er hat es vollendet gemacht, man könnte es nicht besser hinkriegen. Sogar als Toter stand er noch voller Anmut und Würde da.

Wenn du das verstehst, wird alles, was du machst, kreativ – ob Kochen, ob Saubermachen ... und das Leben besteht aus den kleinen Dingen. Nur dein Ego meint immer, das seien kleine Dinge und du müsstest irgendetwas Großes vollbringen, großartige Dichtkunst. Du möchtest ein Shakespeare oder Kalidas oder Milton werden. Dein Ego erzeugt diese Probleme. Lass das Ego fallen, dann ist alles kreativ.

Ich habe gehört:

Eine Hausfrau war von der prompten Zustellung durch den Botenjungen des Delikatessenhändlers so angetan, dass sie ihn nach seinem Namen fragte.

»Shakespeare«, antwortete der Junge.

»Das ist aber ein bekannter Name!«

»Na klar! Schließlich beliefere ich diese Straße schon seit drei Jahren!«

Das gefällt mir! Wozu ein Shakespeare werden wollen? Drei Jahre Zustelldienst in dieser Straße – das ist fast so schön, wie ein Buch zu schreiben, einen Roman, ein Theaterstück.

Das Leben besteht aus den kleinen Dingen. Sie werden groß, wenn du sie liebst. Durch deine Liebe wird alles großartig. Wenn du sie nicht liebst, wird dein Ego ständig sagen: »Das ist deiner unwürdig! Putzen? Es ist deiner nicht würdig. Du musst etwas Großes vollbringen. Denke an die Heilige Johanna von Orleans!« Alles Quatsch. Diese Heiligen Johannas von Orleans sind einfach nur Quatsch.

Putzen ist wunderbar! Geh auf keinen Egotrip. Immer wenn das Ego kommt und dich zu irgendwelchen großartigen Dingen überreden will, werde dir sofort dessen bewusst und lass das Ego fallen, dann wirst du mit der Zeit entdecken, dass die trivialen Dinge heilig sind. Es gibt nichts Profanes; alles ist heilig und göttlich.

Und solange nicht alles für dich heilig geworden ist, kann dein Leben nicht religiös sein. Ein religiöser Mensch ist nicht das, was man so einen »Heiligen« nennt. Ein Heiliger kann schlichtweg auf einem Egotrip sein, aber für dich sieht er aus wie ein Heiliger, weil du meinst, er habe große Taten vollbracht.

Ein wirklich heiliger Mensch ist ein ganz gewöhnlicher Mensch, der das gewöhnliche Leben liebt. Holz hacken, Wasser vom Brunnen holen, Kochen – alles, was er anfasst, wird heilig. Er macht keine großartigen Dinge, aber alles, was er macht, macht er auf eine großartige Weise.

Die Größe liegt nicht in der Sache, die man tut. Die Größe liegt in dem Bewusstsein, das man dabei einbringt. Versuche es! Wenn du einen Kieselstein mit großer Liebe berührst, wird er zum Kohinoor, zum wunderbaren Diamanten. Wenn du lächelst, bist du sofort ein König, eine Königin!

Lache, freue dich … Jeder Augenblick deines Lebens muss durch deine meditative Liebe verwandelt werden.

Wenn ich sage, dass man kreativ sein soll, meine ich nicht, dass man ein großer Maler, ein großer Dichter werden soll. Ich meine einfach, dass man sein Leben wie ein Gemälde, wie ein Gedicht leben soll. Merke dir das gut, sonst wird dich dein Ego in Schwierigkeiten bringen.

Ein heiliger Mensch ist ein ganz gewöhnlicher Mensch, der das gewöhnliche Leben liebt. Holz hacken, Wasser vom Brunnen holen, Kochen – alles, was er anfasst, wird heilig. Er macht keine großartigen Dinge, aber alles, was er macht, macht er auf eine großartige Weise.

Geh hin und frag einen Verbrecher, warum er kriminell geworden ist: Er fand nichts Großartiges zu tun. Weil er nicht Staatspräsident werden konnte – denn das kann natürlich nicht jeder –, darum hat er den Präsidenten ermordet. Das war einfacher und machte ihn so berühmt wie den Präsidenten; sein Bild war in allen Zeitungen auf der Titelseite.

Vor ein paar Monaten tötete ein Mann sieben Menschen. Und als man ihn fragte, warum – denn diese sieben Leute hatten gar nichts mit ihm zu tun –, da sagte er: »Ich wollte berühmt werden!« Bis dahin hatte keine Zeitung seine Gedichte, seine Aufsätze veröffentlicht. Überall war er abgewiesen worden. Keiner wollte sein Foto abdrucken und das Leben raste dahin. Schließlich tötete er sieben Menschen, die ihm völlig fremd waren. Er hatte nichts gegen sie; er wollte nur berühmt werden.

Eure Politiker und eure Kriminellen unterscheiden sich nicht sehr voneinander. Alle Kriminellen sind politisch und alle Politiker sind kriminell, nicht nur Richard Nixon. Den armen Richard Nixon hat man bloß erwischt, das ist alles! Die anderen sind nur schlauer und raffinierter.

Frau Moskowitz platzt beinahe vor Stolz, als sie zu ihrer Nachbarin sagt: »Haben Sie schon gehört, was mein Sohn jetzt macht?«

»Nein, was ist mit Ihrem Sohn?«

»Er geht jetzt zum Psychiater. Zweimal die Woche geht er zum Psychiater.«

»Ist das gut?«

»Natürlich ist das gut. Vierzig Dollar die Stunde zahlt er dafür – vierzig Dollar! Und die ganze Zeit redet er nur von mir!«

Gib nie der Neigung nach, jemand ganz Großer und Berühmter, überlebensgroß werden zu wollen, niemals. Lebensgroß zu sein ist perfekt. Exakt lebensgroß zu sein, einfach ganz gewöhnlich zu sein, ist perfekt und genau so, wie es sein sollte.

Aber du kannst dein Gewöhnlichsein auf eine außergewöhnliche Weise leben. Und darum geht es beim nirwanischen Bewusstsein.

Und noch etwas: Wenn das Nirwana zu einem großartigen Ziel wird, das du unbedingt erreichen musst, dann ist es ein Alptraum. Das Nirwana kann zum letzten und größten Alptraum werden. Wenn du aber das Nirwana in den kleinen Dingen findest – in der Art, wie du lebst, wie du jede kleine Handlung zu etwas Heiligem, Andachtsvollem machst ... Wenn dein Haus zum Tempel wird und dein Körper zur Wohnstätte Gottes und wenn alles, was du siehst und berührst, ungeheuer schön und heilig wird – dann ist Nirwana die Befreiung.

Nirwana bedeutet, das alltägliche Leben so wach, so bewusst und so voller Licht zu leben, dass alles darin zum Strahlen gelangt. Und das ist möglich. Ich sage das, weil ich selbst so gelebt habe, weil ich selbst so lebe. Und wenn ich das sage, sage ich es aus meiner eigenen Autorität. Wenn ich das sage, zitiere ich nicht Buddha oder Jesus. Wenn ich das sage, zitiere ich nur mich selbst.

Es ist für mich möglich geworden – es kann auch für dich möglich werden. Lauf einfach nicht hinter dem Ego her. Liebe das Leben und vertraue dem Leben, dann wird das Leben dir alles geben, was du brauchst. Das Leben wird für dich zu einem Segen, zu einem Lobgesang.

4. Sei ein Träumer

Von Friedrich Nietzsche stammt die Aussage: »Das größte Unheil wird an jenem Tag über die Menschheit hereinbrechen, an dem alle Träumer verschwinden.« Die gesamte Evolution des Menschen ist nur möglich gewesen, weil er davon geträumt hat. Was gestern ein Traum war, ist heute Wirklichkeit, und was heute ein Traum ist, kann morgen Wirklichkeit werden.

Alle Dichter sind Träumer, alle Musiker sind Träumer, alle Mystiker sind Träumer. Tatsächlich ist Kreativität eine Begleiterscheinung des Träumens.

Aber diese Träume sind nicht die Träume, die Sigmund Freud analysiert. Man muss unterscheiden zwischen dem Traum eines Dichters, eines Bildhauers, eines Architekten, eines Mystikers, eines Tänzers – und den Träumen einer kranken Psyche.

Bedauerlicherweise hat Sigmund Freud sich nie um die großen Träumer gekümmert, die den Grundstein für die ganze menschliche Evolution gelegt haben.

Zu ihm kamen nur psychisch Kranke, und weil seine lebenslange Erfahrung darin bestand, die Träume von Psychopathen zu analysieren, ist das Wort »Träumen« an sich in Verruf geraten. Der Irre träumt, aber sein Traum erweist sich als destruktiv für ihn selbst. Auch der Kreative träumt, aber sein Traum erweist sich als Bereicherung für die Welt.

Dazu fällt mir Michelangelo ein: Er ging einmal über den Markt, wo Marmor aller Art verkauft wurde, und er sah einen schönen Stein und erkundigte sich danach. Der Besitzer sagte: »Wenn du diesen Stein haben willst, gebe ich ihn dir gratis, denn er liegt nur herum und nimmt Platz weg. Seit zwölf Jahren hat niemand mehr danach gefragt. Ich kann nicht sehen, dass dieser Stein irgendein Potenzial hätte.«

Michelangelo nahm den Stein, arbeitete fast ein ganzes Jahr daran und machte daraus die vermutlich schönste Skulptur, die es je gab. Vor einigen Jahren hat ein Irrer sie zerstört, im Vatikan. Es war eine Skulptur von Jesus Christus, wie er tot im Schoß seiner Mutter Maria liegt, nachdem er vom Kreuz abgenommen worden war. Ich habe nur Fotos davon gesehen, aber sie ist so lebendig, als würde Jesus jeden Moment aufwachen. Michelangelo hat den Marmor mit solcher Kunstfertigkeit eingesetzt, dass man beides fühlen kann: die Stärke von Jesus, aber auch seine Zerbrechlichkeit. Und man sieht die Tränen in den Augen von Maria, der Mutter Jesu.

Vor ein paar Jahren zerstörte ein Irrer diese Steinskulptur, die Michelangelo geschaffen hatte. Und als man ihn fragte, weshalb er das getan habe, sagte er: »Ich wollte ebenfalls berühmt werden. Michelangelo musste ein Jahr daran arbeiten, dann wurde er berühmt. Mich kostete es nur fünf Minuten Arbeit, um die ganze Statue zu zerstören. Doch mein Name ging als Schlagzeile in allen Zeitungen rund um die Welt.«

Beide Männer haben an dem gleichen Marmorblock gearbeitet – der eine als Schaffender, der andere als Irrer.

Als Michelangelos Arbeit nach einem Jahr beendet war, bat er den Händler zu sich nach Hause – er wollte ihm etwas zeigen. Der Steinhändler traute seinen Augen nicht. Er sagte: »Woher hast du diesen wundervollen Marmor?«

Und Michelangelo sagte: »Erkennst du ihn nicht? Das ist der hässliche Felsblock, der zwölf Jahre vor deiner Tür gelegen hat.« Und ich entsinne mich dieser Begebenheit, weil der Händler fragte: »Aber wie konntest du dir denken, dass aus diesem hässlichen Stein eine so schöne Skulptur werden könnte?«

Michelangelo sagte: »Ich habe nicht darüber nachgedacht. Ich hatte davon geträumt, diese Skulptur zu machen. Und als ich an dem Stein vorbeikam, sah ich plötzlich Jesus, der mir zurief: ›Ich bin in diesem Stein gefangen! Befreie mich! Hilf mir, aus diesem Stein herauszukommen!‹ Ich sah in dem Stein genau diese Statue. Ich habe also nur wenig Arbeit geleistet: Ich musste nur die überflüssigen Teile des Steins entfernen, um Jesus und Maria aus ihrer Gefangenschaft zu befreien.«

Hätte ein Mann vom Kaliber Sigmund Freuds, statt kranke Menschen und ihre Träume zu analysieren, mit den Träumen psychisch Gesunder – und nicht nur gesunder, sondern kreativer Menschen – gearbeitet, dann wäre das ein großer Beitrag gewesen.

Eine Analyse dieser Träume würde zeigen, dass nicht alle Träume auf Verdrängung beruhen. Eine Analyse dieser Träume würde zeigen, dass es Träume gibt, die aus einem kreativeren Bewusstsein kommen, als es die Menschen für gewöhnlich haben. Solche Träume sind nicht krank, solche Träume sind wahrhaftig gesund. Die ganze Evolution des Menschen und seines Bewusstseins beruht auf solchen Träumern.

Die ganze Existenz ist eine organische Einheit. Ihr haltet euch nicht nur gegenseitig an der Hand, ihr haltet auch die Bäume an der Hand. Ihr atmet nicht nur gemeinsam, das ganze Universum atmet gemeinsam.

Das Universum ist in tiefer Harmonie. Nur der Mensch hat die Sprache der Harmonie verloren und meine Arbeit hier besteht darin, sie euch wieder in Erinnerung zu rufen. Nicht wir erschaffen diese Harmonie. Die Harmonie ist eure Wirklichkeit, ihr habt es nur vergessen. Vielleicht neigt man dazu, es zu vergessen, weil es zu offensichtlich ist. Weil man schon damit auf die Welt gekommen ist. Wie könnte man darüber nachdenken?

Es gibt dieses alte Gleichnis von dem Fisch, der ein Philosoph war und einen anderen Fisch fragte: »Ich habe schon so viel vom Meer gehört. Aber wo ist es?« Und dabei ist er mittendrin! Aber er wurde im Meer geboren, hat immer im Meer gelebt und war nie von ihm getrennt. Er hat das Meer nie als etwas von ihm Getrenntes wahrgenommen. Da schnappte sich ein alter Fisch diesen jungen Philosophen und sagte zu ihm: »Das hier ist das Meer und wir befinden uns mitten darin.«

Aber der junge Philosoph sagte: »Mach keine Witze! Was du Meer nennst, ist doch bloß Wasser! Ich werde noch andere fragen müssen, die klüger sind als du.«

Ein Fisch erfährt erst dann etwas vom Ozean, wenn er von einem Fischer gefangen, aus dem Meer herausgeholt und in den Sand geworfen wird. Erst dann versteht er zum ersten Mal, dass er immer im Meer gelebt hat, dass das Meer sein Leben ist, dass er ohne es nicht überleben kann.

Doch beim Menschen ist die Schwierigkeit die, dass man ihn nicht aus der Existenz herausfischen kann. Die Existenz ist unendlich und es gibt keinen Strand, von dem du aus einiger Entfernung auf diese Existenz blicken kannst. Überall wo du bist, bist du Teil dieser Existenz.

Wir alle atmen gemeinsam. Wir alle sind Teil eines einzigen Orchesters. Dies zu verstehen ist eine bedeutsame Erfahrung – man sollte es nicht »Träumen« nennen, denn das Träumen hat durch Sigmund Freud einen sehr schlechten Beigeschmack bekommen. Ansonsten ist Träumen eines der schönsten Wörter, sehr poetisch.

Sobald du denkst, bist du getrennt von anderen, denn du denkst deine Gedanken und der andere denkt seine Gedanken. Wenn ihr aber beide still seid, verschwinden alle Trennwände zwischen euch. Zwei »Stillen« können nicht getrennt bleiben. Sie werden eins.

Wenn du einfach still bist, einfach froh bist, einfach da bist – in dieser Stille kannst du fühlen, dass du mit anderen verbunden bist. Sobald du denkst, bist du getrennt von anderen, denn du denkst deine Gedanken und der andere denkt seine Gedanken. Wenn ihr aber beide still seid, verschwinden alle Trennwände zwischen euch.

Zwei »Stillen« können nicht getrennt bleiben. Sie werden eins.

Alle großen Werte im Leben – Liebe, Stille, Seligkeit, Ekstase, Göttlichkeit – können dir eine unermessliche Einheit bewusst machen.

Da ist niemand anderer außer dir. Wir alle sind nur verschiedene Ausdrucksformen einer einzigen Wirklichkeit, verschiedene Lieder eines einzigen Sängers, verschiedene Tänze eines einzigen Tänzers, verschiedene Bilder – doch der Maler ist immer derselbe.

Aber nenne es nicht Traum, denn wenn du es Traum nennst, verstehst du nicht, dass es Wirklichkeit ist. Und die Wirklichkeit ist viel schöner als jeder Traum. Die Wirklichkeit ist viel psychedelischer, bunter, fröhlicher, bewegter, als du es dir je vorstellen kannst. Doch wir leben so unbewusst ...

Unsere erste Unbewusstheit besteht darin, dass wir denken, wir wären getrennt. Aber ich betone es: Niemand ist eine Insel, wir alle sind Teil eines riesigen Kontinents. Da ist Vielfalt, aber das macht uns nicht getrennt. Vielfalt macht das Leben reicher: Ein Teil von uns ist im Himalaja, ein Teil von uns ist in den Sternen, ein Teil von uns ist in den Rosen. Ein Teil von uns ist in dem Vogel in der Luft, ein Teil von uns ist in dem Grün der Bäume. Wir sind über das Ganze ausgebreitet. Wenn du dies als Realität erfährst, wird es deine ganze Einstellung zum Leben transformieren, wird es jede deiner Handlungen transformieren, wird es dein ganzes Dasein transformieren.

Dann wirst du voller Liebe sein, wirst du voller Ehrfurcht vor dem Leben sein. Zum ersten Mal wirst du religiös sein, so wie ich es verstehe – nicht Christ, nicht Hindu, nicht Mohammedaner, sondern wirklich und wahrhaftig religiös.

Dieses Wort »Religion« ist schön; es stammt aus einer Wurzel, die so viel bedeutet wie »jene zusammenbringen, die aus Unwissenheit auseinandergefallen sind«. Sie wieder zusammenzubringen, sie aufzuwecken, damit sie sehen können, dass sie gar nicht getrennt sind. Dann wirst du nicht einmal einem Baum wehtun können. Dann werden dein Mitgefühl und deine Liebe einfach spontan sein – nicht antrainiert, nicht mit Disziplin erworben. Wenn Liebe eine Disziplin ist, ist sie unecht. Wenn Gewaltlosigkeit antrainiert ist, ist sie unecht. Wenn Mitgefühl gepflegt wird, ist es unecht.

Wenn es sich aber spontan einstellt, ohne irgendeine Bemühung von deiner Seite, dann hat es eine Wahrheit, die sehr tief und sehr kostbar ist …

Im Namen von »Religion« sind in der Vergangenheit viele Verbrechen begangen worden. Mehr Menschen sind von »religiösen« Leuten umgebracht worden als von irgendjemand anderem. Alle diese Religionen waren mit Sicherheit nur vorgetäuscht und verlogen.

Authentische Religion muss erst noch geboren werden.

Dieses Wort »Religion« ist schön; es stammt aus einer Wurzel, die so viel bedeutet wie »jene zusammenbringen, die aus Unwissenheit auseinandergefallen sind« – sie wieder zusammenzubringen, sie aufzuwecken, damit sie sehen können, dass sie gar nicht getrennt sind.

Einmal fragte jemand H. G. Wells, nachdem er seine Weltgeschichte – ein ungeheures Werk – veröffentlicht hatte: »Was halten Sie von Zivilisation?«

Und er sagte: »Das ist eine gute Idee. Jemand sollte sie verwirklichen.«

Wir sind bisher noch nicht zivilisiert, noch nicht kultiviert, noch nicht religiös gewesen. Im Namen von Zivilisation, im Namen von Kultur, im Namen von Religion haben wir alle möglichen barbarischen Taten vollbracht – primitiv, unmenschlich, animalisch.

Der Mensch ist aus der Wirklichkeit weit herausgefallen. Er muss aufwachen zu der Wahrheit, dass wir alle eins sind. Und es ist keine Hypothese, es ist die Erfahrung aller Meditierenden aller Zeiten, ohne Ausnahme: Die ganze Existenz ist eine einzige organische Einheit.

Mache also nicht den Fehler, eine schöne Erfahrung für einen Traum zu halten. Wenn du sie einen Traum nennst, hebst du ihre Wirklichkeit auf. Träume müssen in Wirklichkeit verwandelt werden, nicht die Wirklichkeit in Träume.

Vier Fragen

In deinem Herzen ist ein Lied, das gesungen werden will,
in dir ist ein Tanz, der getanzt werden will.
Doch der Tanz ist unsichtbar, und das Lied –
selbst du hast es noch nicht vernommen.
Es ruht tief verborgen im innersten Kern deines Seins.
Du musst es an die Oberfläche bringen, musst es ausdrücken.
Das bedeutet »Selbstverwirklichung«.

1. Gedächtnis und Vorstellungskraft

Du forderst uns ständig auf, das Gedächtnis aufzugeben und im Hier und Jetzt zu leben. Wenn ich aber mein Gedächtnis aufgebe, muss ich auch meine kreative Vorstellungskraft aufgeben, denn ich bin Schriftsteller und alles, was ich schreibe, hat seinen Ursprung in meiner Erinnerung. Ich frage mich, wie die Welt ohne Kunst aussähe und ohne die kreative Vorstellungskraft, die Kunst erst möglich macht. Ein Tolstoi könnte nie zu einem Buddha werden – aber könnte ein Buddha »Krieg und Frieden« schreiben?

Du hast mich nicht verstanden, aber das ist natürlich. Es ist unmöglich, mich zu verstehen, denn um mich zu verstehen, musst du dein Gedächtnis aufgeben. Dein Gedächtnis kommt dir in die Quere. Du hörst nur auf meine Worte und dann interpretierst du ständig diese Worte nach deinem Gedächtnis, nach deiner Vergangenheit. Du kannst mich nicht verstehen, wenn du nicht hier und jetzt bist … nur dann trifft sich etwas. Nur in diesem Augenblick bist du hier bei mir; ansonsten bist du zwar körperlich anwesend, aber psychisch abwesend.

Ich habe nicht gesagt, dass du dein Faktengedächtnis aufgeben sollst. Das wäre töricht. Dein Faktengedächtnis ist eine Notwendigkeit. Du musst schließlich deinen Namen kennen, musst wissen, wer dein Vater, wer deine Mutter ist, deine Ehefrau, dein Kind, musst deine Adresse wissen. Du musst ins Hotel zurückfinden, musst dein Zimmer wieder finden können. Nicht das Faktengedächtnis ist also gemeint – das psychologische Gedächtnis ist gemeint. Das Faktengedächtnis ist kein Problem; es ist reine Erinnerung. Wenn dich etwas aber auf der psychologischen Ebene beeinflusst, entsteht ein Problem. Versuche den Unterschied zu verstehen.

Gestern hat dich jemand beleidigt und heute triffst du ihn wieder. Das Faktengedächtnis sagt: »Dieser Mann hat mich gestern beleidigt.« Das psychologische Gedächtnis bewirkt, dass du nun beim Anblick dieses Mannes in Zorn gerätst. Sobald du diesem Mann wieder begegnest, beginnst du zu kochen. Und möglicherweise ist er nur gekommen, um sich bei dir zu entschuldigen. Vielleicht kommt er, um sich zu entschuldigen und dich um Verzeihung zu bitten. Vielleicht hat er seinen Fehler eingesehen, hat sein unbewusstes Verhalten erkannt. Vielleicht kommt dieser Mensch, um sich mit dir zu versöhnen – und du gerätst in Rage. Du wirst wütend und schreist ihn an. In diesem Moment siehst du gar nicht sein Gesicht, sondern reagierst immer noch auf das Gesicht von gestern. Aber gestern ist gestern! Wie viel Wasser ist inzwischen den Ganges hinuntergeflossen! Dieser Mann ist nicht mehr derselbe. In vierundzwanzig Stunden hat sich vieles verändert – und auch du bist nicht mehr derselbe.

Das Faktengedächtnis sagt: »Dieser Mensch hat mich gestern beleidigt«, aber dieses »Ich« hat sich verändert und auch der andere hat sich verändert. Es ist, als hätte sich der Vorfall zwischen zwei Personen ereignet, mit denen du gar nichts mehr zu tun hast. Dann bist du psychisch frei davon, dann sagst du nicht: »Ich bin immer noch wütend.« Da ist keine Wut hängen geblieben. Die Erinnerung ist noch da, aber du bist davon nicht psychisch beeinflusst. Du begegnest dem anderen, so wie er jetzt ist und wie du jetzt bist.

Ein Mann kam zu Buddha und spuckte ihm ins Gesicht. Er war ein Brahmane und total wütend, denn Buddha sagte ständig Dinge, die den Zorn der Priester erregten. Buddha wischte sich das Gesicht ab und fragte den Mann: »Hast du mir sonst noch etwas zu sagen?«

Sein Schüler Ananda war sehr wütend geworden. Er war so zornig, dass er Buddha bat: »Gib mir die Erlaubnis, diesen Mann in seine Schranken zu verweisen. Das ist zu viel! Das kann ich nicht dulden!«

Buddha sagte: »Er hat aber nicht dir ins Gesicht gespuckt! Es war meines. Und außerdem, schau ihn dir doch mal an! In welchen Schwierigkeiten er steckt! Schau ihn dir doch an! Du solltest Mitgefühl mit ihm haben. Er will mir etwas sagen, aber Worte treffen es nicht. Ich habe genau das gleiche Problem, schon mein Leben lang. Wie ich sehe, ist dieser Mann in der gleichen Situation wie ich. Ich will euch etwas aus meiner Erfahrung sagen, aber ich kann es nicht, weil die Worte es nicht treffen. Dieser Mann sitzt im gleichen Boot wie ich. Er ist so wütend, dass er keine Worte findet, um seinen Zorn auszudrücken – genauso, wie ich keine Worte, keine Handlungen finden kann, um meine Liebe auszudrücken. Ich kann das Problem dieses Mannes sehen. Sieh doch!«

Buddha sieht es und Ananda sieht es auch. Doch während Buddha nur eine faktische Erinnerung sammelt, macht Ananda daraus eine psychologische Erinnerung.

Der Mann traute seinen Ohren nicht, als er Buddha das sagen hörte. Er war sehr schockiert. Es hätte ihn nicht so schockiert, wenn Buddha zurückgeschlagen oder Ananda sich auf ihn gestürzt hätte. Das wäre kein solcher Schock gewesen. Das wäre natürlich und zu erwarten gewesen; so reagiert man normalerweise. Dass aber Buddha sich in den Mann hineinversetzte und sein Problem sah ...! Der Mann ging weg und konnte die ganze Nacht nicht schlafen. Er dachte darüber nach, meditierte darüber, und es fing an, ihm großen Schmerz zu bereiten. Er begann zu fühlen, was er getan hatte. Eine Wunde öffnete sich in seinem Herzen.

Frühmorgens eilte er herbei, warf sich Buddha zu Füßen und küsste ihm die Füße. Und Buddha sagte zu Ananda: »Siehst du, schon wieder das gleiche Problem! Jetzt hat er ein so starkes Gefühl für mich, dass er es nicht in Worte fassen kann. Er berührt meine Füße. Wir Menschen sind so ohnmächtig. Alle starken Gefühle kann man nicht ausdrücken, nicht vermitteln, nicht kommunizieren. Man muss eine Geste finden, um es symbolisch auszudrücken. Siehst du?«

Da fing der Mann zu weinen an und sagte: »Vergebt mir, Herr. Es tut mir furchtbar leid. Es war eine ungeheure Dummheit meinerseits, dass ich auf Euch gespuckt habe – einen Mann wie Euch.«

Buddha sagte: »Vergiss es. Der Mann, auf den du gespuckt hast, existiert nicht mehr, und der Mann, der gespuckt hat, existiert auch nicht mehr. Du bist neu, ich bin neu! Und schau, die aufgehende Sonne – sie ist auch neu.

Alles ist neu. Das Gestern existiert nicht mehr. Lass es hinter dir. Wie kann ich dir vergeben? Du hast nicht auf mich gespuckt. Du hast auf jemanden gespuckt, den es nicht mehr gibt.«

Das Bewusstsein ist ein kontinuierlicher Strom.

Wenn ich sage, dass ihr das Gedächtnis aufgeben sollt, dann meine ich das psychologische Gedächtnis. Ich meine nicht das Faktengedächtnis. Buddha kann sich sehr wohl daran erinnern, dass dieser Mann ihn gestern angespuckt hat, aber gleichzeitig erinnert er sich, dass weder dieser Mann noch er selbst die Gleichen sind. Dieses Kapitel ist abgeschlossen.

Es lohnt sich nicht, dass man es sein Leben lang mit sich herumschleppt. Aber ihr schleppt so vieles mit euch herum! Jemand hat vor zehn Jahren irgendetwas zu dir gesagt und du schleppst es immer noch mit dir herum. Deine Mutter war wütend auf dich, als du noch ein kleines Kind warst, und du schleppst es immer noch mit dir herum. Dein Vater hat dir eine Ohrfeige gegeben, als du klein warst, und du schleppst es immer noch mit dir herum – und vielleicht bist du schon siebzig!

Die psychologischen Erinnerungen belasten dich ständig. Sie machen dich unfrei, machen dich unlebendig, halten dich gefangen. Aber das Faktengedächtnis ist absolut in Ordnung.

Und noch etwas musst du verstehen: Ohne das psychologische Gedächtnis ist das Faktengedächtnis sehr präzise, denn das psychologische Gedächtnis behindert nur. Wenn man psychisch stark beeinflusst ist, wie soll man sich da genau erinnern können? Das ist unmöglich. Man zittert und bebt wie von einem inneren Erdbeben – wie kann man sich da genau erinnern? Man wird übertreiben, man wird etwas hinzudichten oder weglassen. Man wird eine ganz neue Geschichte daraus machen. Man ist nicht zuverlässig.

Ohne das psychologische Gedächtnis ist das Faktengedächtnis sehr präzise, denn das psychologische Gedächtnis behindert nur. Wenn man psychisch stark beeinflusst ist, wie soll man sich da genau erinnern können? Das ist unmöglich.

Ein Mensch ohne psychologisches Gedächtnis ist zuverlässig, man kann sich auf ihn verlassen. Deshalb ist ein Computer zuverlässiger als ein Mensch, denn er hat kein psychologisches Gedächtnis. Nur die Fakten – die nackten, blanken Tatsachen. Aber selbst wenn du von Tatsachen redest, sind es keine Tatsachen: Du hast einiges hinzugedichtet. Du hast es in eine Form gegossen, hast es verändert, hast es übertüncht, hast dem Ganzen deine eigene Färbung gegeben. Es ist keine Tatsache mehr! Nur ein Buddha, ein Erleuchteter, ein *Tathagata*, weiß, was eine Tatsache ist. Du stößt nie auf Tatsachen, weil du so viel Erdichtetes im Kopf hast. Immer wenn du auf eine Tatsache stößt, stülpst du ihr sofort deine Erfindungen über. Du siehst nie das, was ist; du verzerrst immer die Wirklichkeit.

Buddha sagt, ein *Tathagata*, ein Erwachter, habe immer Recht, weil seine Rede immer mit der Wirklichkeit übereinstimmt. Ein *Tathagata* spricht die Wahrheit, er kann gar nicht anders. *Tathagata* ist gleichbedeutend mit Sosein. Was auch immer der Fall ist, ein *Tathagata* spiegelt es einfach; er ist ein Spiegel. So meine ich das also: Gib das psychologische Gedächtnis auf, dann wirst du zu einem Spiegel.

Du hast gefragt: *»Du forderst uns ständig auf, das Gedächtnis aufzugeben und im Hier und Jetzt zu leben …«* Das bedeutet aber nicht, dass du dich nicht an die Vergangenheit erinnerst. Die Vergangenheit wird zu einem Teil der Gegenwart. Was immer du in der Vergangenheit warst, was immer du in der Vergangenheit getan hast, ist Teil deiner Gegenwart; es ist *hier*. Das Kind ist noch in dir, der junge Mann ist noch in dir – alles, was du je getan hast, ist noch da. Das Essen, das du gegessen hast – es ist Vergangenheit, aber es ist zu deinem Blut geworden. Es zirkuliert in diesem Augenblick in dir; daraus sind deine Knochen, ist dein Mark geworden. Die Liebe, die du erlebt hast, mag vorüber sein, aber sie hat dich transformiert. Sie hat dir eine neue Sicht vom Leben gegeben, sie hat dir die Augen geöffnet. Gestern wart ihr alle mit mir hier – das ist Vergangenheit, aber ist es wirklich völlig vergangen? Wie kann es völlig vergangen sein? Es hat euch verändert, es hat euch einen neuen Funken, ein neues Feuer gegeben – es ist zu einem Teil von euch geworden.

Der gegenwärtige Augenblick enthält deine ganze Vergangenheit. Und wenn du mich verstehen kannst: Der gegenwärtige Augenblick enthält auch deine ganze Zukunft – denn die Vergangenheit hat dich verändert, während sie sich ereignete; sie hat dich vorbereitet. Und die Zukunft, die sich ereignen wird, kommt aus der Art und Weise, wie du deine Gegenwart lebst. Wie du das Hier und Jetzt lebst, wird eine starke Auswirkung auf deine Zukunft haben.

Im gegenwärtigen Augenblick ist die ganze Vergangenheit enthalten und im gegenwärtigen Augenblick ist die ganze Zukunft potenziell enthalten. Aber du brauchst dir auf der psychologischen Ebene keine Gedanken darüber zu machen. Sie ist schon da! Du brauchst sie psychisch nicht mit dir herumzutragen, du brauchst dich nicht damit zu belasten. Verstehst du, was ich sage – sie ist bereits in der Gegenwart enthalten …

Der Baum denkt nicht über das Wasser nach, das er gestern aufgesogen hat, aber es ist da, ob er darüber nachdenkt oder nicht. Und die Sonnenstrahlen, die gestern auf ihn fielen – er denkt nicht darüber nach. Die Bäume sind nicht so töricht; sie sind nicht so dumm wie die Menschen. Warum sich über die Strahlen von gestern Gedanken machen? Sie sind aufgenommen und umgewandelt worden. Sie sind zu einem Teil des Grün, Rot und Gold geworden. Der Baum genießt die Sonne *dieses* Morgens ohne eine psychologische Erinnerung an das Gestern, obwohl das Gestern in den Blättern, in den Blüten, in den Zweigen, in den Wurzeln, im Saft noch enthalten ist. Es ist noch da! Und die Zukunft kündigt sich auch bereits an: Die frischen Knospen, die morgen zu Blüten werden, sind schon da. Und die kleinen frischen Blätter, aus denen morgen das Laub wird, sind schon da, sie sind schon im Entstehen.

Der gegenwärtige Augenblick enthält alles. Jetzt ist die Ewigkeit.

Ich sage also nicht, dass du die faktische Vergangenheit vergessen sollst. Ich sage nur, dass du dich nicht mehr von ihr beeinträchtigen lassen sollst. Du solltest keine psychologische Investition darin haben. Sie ist eine physische Tatsache – lass es darauf beruhen.

Und ich sage nicht, dass du die Fähigkeit verlieren sollst, dich daran zu erinnern, denn das wird vielleicht nötig sein! Wenn es nötig wird, dann wird sich diese Notwendigkeit in der Gegenwart ergeben, vergiss das nicht, und dann musst du darauf reagieren. Jemand fragt dich nach deiner Telefonnummer – die Notwendigkeit ergibt sich jetzt, in der Gegenwart – und du sagst: »Wie kann ich meine Telefonnummer wissen? Ich habe doch meine Vergangenheit aufgegeben!« Dann wirst du unnötig Schwierigkeiten bekommen.

Statt freier zu werden, statt immer mehr zum Freudenfest zu werden, wird dir dein Leben bei jedem Schritt Hindernisse präsentieren. Du wirst dir unnötigerweise tausendundein Problem kreieren. Dafür besteht keine Notwendigkeit.

Versuche mich zu verstehen.

Und du sagst: »*Wenn ich aber mein Gedächtnis aufgebe, muss ich auch meine kreative Vorstellungskraft aufgeben* ...« Was hat denn das Gedächtnis mit der kreativen Vorstellungskraft zu tun? Im Gegenteil, je größer dein Gedächtnis, desto weniger kreativ wirst du sein. Dann wirst du ständig nur das wiedergeben, was du in deinem Gedächtnis vorfindest. Kreativität bedeutet aber, das Neue zuzulassen. Das Neue zulassen kann man jedoch nur, wenn man das Gedächtnis beiseite lässt, sodass die Vergangenheit sich nicht ständig dazwischendrängt.

Lass das Neue dich durchdringen. Lass das Neue an dich herankommen und dein Herz berühren. Die Vergangenheit wird auch nötig sein, aber jetzt noch nicht. Die Vergangenheit wird nötig sein, sobald du anfängst, die neue Erfahrung auszudrücken. Dazu ist die Vergangenheit nötig, denn dazu ist die Sprache nötig und die Sprache stammt aus der Vergangenheit. Du kannst nicht in diesem Augenblick die Sprache neu erfinden – wenn du das tust, wird es irgendein Kauderwelsch, ein sinnloses Geplapper sein, das nichts bedeutet. Es wird nicht der Kommunikation dienen, sondern es wird wie eine Babysprache sein oder wie ein »Sprechen in Zungen«. Daraus würde nicht viel Kreatives entstehen. Du würdest einfach nur Unsinn reden.

Um etwas Sinnvolles mitzuteilen, ist Sprache nötig und Sprache kommt aus der Vergangenheit. Doch die Sprache sollte erst kommen, wenn du die Erfahrung gemacht hast.

Dann kannst du die Sprache als Werkzeug benutzen, aber sie sollte dich nicht behindern.

Wenn du eine Rose siehst, die sich in der frühen Morgensonne öffnet, dann schau hin. Lass es auf dich wirken, lass es tief in dich hinein. Lass dich von ihrer »Rosenhaftigkeit« überwältigen, lass sie von dir Besitz ergreifen. Sag gar nichts – warte. Sei geduldig, sei offen. Nimm es in dich auf. Lass dich von der Rose erreichen und erreiche auch du die Rose. Lass es zu einem Verschmelzen kommen, zu einer Kommunion von zwei Wesen – der Rose und dir. Lass es zu einer Vereinigung kommen, einer gegenseitigen Durchdringung.

Und denke daran: Je tiefer die Rose in dich eindringt, umso tiefer kannst du in die Rose eindringen; es ist immer im selben Verhältnis. Und dann kommt der Moment, da du nicht mehr weißt, was die Rose ist und was der Betrachter. Ein Moment kommt, in dem du die Rose bist und die Rose du, wenn der Beobachter und das Beobachtete eins sind – wenn alle Dualität verschwindet. In diesem Moment erkennst du die Wirklichkeit, das Sosein der Rose. Jetzt nimm deine Sprache zu Hilfe, nimm deine Kunst zu Hilfe. Bist du ein Maler, dann nimm deinen Pinsel und die Farben und deine Leinwand und male es. Bist du ein Dichter, dann begib dich schnell in dein Faktengedächtnis und finde die richtigen Worte, um die Erfahrung auszudrücken.

Doch während die Erfahrung passiert, solltest du nicht reden. Der innere Dialog ist eine Störung. Dann kannst du die Rose nicht in ihrer ganzen Intensität und Tiefe erfahren. Dann wirst du sie nur oberflächlich und flach erfahren. Und wenn du sie nur oberflächlich kennst, kannst du nur das Oberflächliche ausdrücken und deine Kunst wird keinen großen Wert haben.

Du sagst: »*Wenn ich aber mein Gedächtnis aufgebe, muss ich auch meine kreative Vorstellungskraft aufgeben …*« Du verstehst nicht, was »kreativ« bedeutet. Kreativ bedeutet das Neue, noch nie Dagewesene, Originelle. Kreativ bedeutet das Frische, Unbekannte. Du musst dafür offen sein, musst verletzlich sein.

Lass also dein Gedächtnis beiseite. Sein Nutzen kommt später. Zunächst stört es nur.

Kreativ bedeutet das Neue, noch nie Dagewesene, Originelle. Kreativ bedeutet das Frische, Unbekannte. Du musst dafür offen sein, musst verletzlich sein. Lass also dein Gedächtnis beiseite.

Jetzt im Augenblick zum Beispiel, während du mir zuhörst – tu dein Gedächtnis beiseite. Wiederholst du etwa, während du mir zuhörst, innerlich dein ganzes mathematisches Wissen? Bist du innerlich am Zählen? Wiederholst du dein ganzes geografisches Wissen? Wiederholst du die ganze Geschichte, die du kennst? Du lässt all das beiseite. Nun mach dasselbe wie mit Geschichte und Mathematik und Geografie auch mit der Sprache. Tu dasselbe mit der Sprache, mit dem Gedächtnis. Lass alles beiseite! Du wirst es wieder brauchen. Aber erst, wenn es wieder gebraucht wird, solltest du es auch wieder benutzen. Lass deinen ganzen Verstand mal beiseite.

Du beseitigst damit nicht deinen Verstand, du gibst ihm nur eine Ruhepause. Er wird jetzt nicht gebraucht; du kannst ihn in Urlaub schicken. Sag zu deinem Verstand: »Jetzt ruh dich mal für eine Stunde aus und lass mich einfach zuhören. Und wenn ich zugehört habe, wenn ich alles aufgenommen habe, wenn ich gegessen und getrunken habe, werde ich dich wieder rufen, denn dann wird deine Hilfe gebraucht – deine Sprache, dein Wissen, deine Informationen, die werden dann gebraucht. Dann werde ich ein Bild malen oder ein Gedicht schreiben oder ein Buch, aber jetzt im Augenblick kannst du mal Pause machen!« Und nach einer Ruhepause wird dein Verstand frisch und ausgeruht sein. Weil du deinem Verstand keine Ruhepause lässt, kommt er nicht über das Mittelmaß hinaus.

Stell dir vor, ein Läufer, der an den Olympischen Spielen teilnehmen will, läuft nur noch ununterbrochen, vierundzwanzig Stunden am Tag, um sich auf das olympische Wettrennen vorzubereiten. Bis der Tag des Rennens kommt, wird er sich überhaupt nicht mehr bewegen können; er wird zu Tode erschöpft sein. Vor dem Rennen muss man ruhen, man muss sich so tief wie möglich ausruhen, damit der Körper sich regenerieren kann.

Genau dasselbe musst du auch mit dem Verstand tun. Kreative Vorstellungskraft hat nichts mit dem Gedächtnis zu tun, sonst ist sie nicht kreativ. Wenn du mich verstehst und dein psychologisches Gedächtnis aufgibst, wirst du kreativ sein können. Andernfalls ist das, was du Kreativität nennst, nicht wirklich kreativ – es ist nur ein Neuarrangieren. Es besteht ein großer Unterschied zwischen einem Schöpfer und einem Arrangeur. Du kannst altbekannte Dinge immer wieder auf neue Art und Weise zusammenfügen, aber trotzdem sind sie alt. Nichts daran ist neu. Du änderst nur die Anordnung.

Es ist, als würdest du dein Wohnzimmer umstellen – die Möbel sind die gleichen, die Bilder an der Wand sind die gleichen, die Vorhänge sind die gleichen, aber du kannst alles neu arrangieren. Du kannst den Stuhl hierhin und den

Tisch dorthin stellen, du kannst das Bild von der einen Wand an die andere hängen. Es wird vielleicht wie neu aussehen, aber es ist nicht neu. Es ist nur ein neues Arrangement, aber du hast nichts Neues hervorgebracht. Genau das tun aber neunundneunzig Prozent aller Autoren, Dichter und Maler ständig. Das ist mittelmäßig, das ist nicht schöpferisch.

Ein schöpferischer Mensch ist jemand, der etwas aus dem Unbekannten in die Welt des Bekannten holt, der etwas von Gott in diese Welt holt, der Gott hilft, etwas mitzuteilen – er wird wie ein hohler Bambus und lässt Gott durch sich hindurchfließen.

Wie kannst du wie ein hohler Bambus werden? Wenn du zu sehr im Verstand bist, kannst du nicht wie ein hohler Bambus werden. Und die Schöpferkraft stammt vom Schöpfer; die Schöpferkraft ist nicht die deine, sie stammt nicht von dir. Wenn du verschwindest, dann passiert Kreativität – dann ergreift der Schöpfer von dir Besitz.

Die wahren Schöpfer wissen genau, dass sie nicht die Schöpfer sind – sie waren nur ein Instrument, sie waren das Medium. Etwas ist durch sie geschehen, das stimmt, aber sie haben es nicht gemacht.

Beachte den Unterschied zwischen einem Techniker und einem schöpferischen Menschen. Der Techniker weiß nur, wie etwas geht. Er mag perfekt wissen, wie etwas geht, aber er besitzt keine Intuition. Ein schöpferischer Mensch besitzt Intuition und sieht Dinge, die noch niemand vor ihm gesehen hat, er sieht Dinge, die noch kein Auge je zu sehen vermochte, und er hört Dinge, die noch niemand zuvor gehört hat. Dann ereignet sich Kreativität.

Sieh mal ... Die Botschaften von Jesus sind kreativ – nie zuvor hatte ein Mensch so geredet. Er war nicht gebildet, er wusste nichts von der Redekunst, hatte keine Ahnung von Rhetorik, aber er war so wortgewandt wie kaum ein anderer, wie nur ganz wenige. Worin besteht sein Geheimnis? Er besitzt Intuition. Er hat Gott geschaut, er hat das Unbekannte geschaut. Er ist dem Unbekannten, dem Unerkennbaren begegnet. Er ist in diesen Raum eingetreten und hat aus diesem Raum ein paar Bruchstücke mitgebracht. Man kann nur Bruchstücke bringen, aber selbst wer nur einige Bruchstücke aus dem Unerkennbaren bringt, transformiert die ganze Qualität des menschlichen Bewusstseins auf dieser Erde.

Jesus ist schöpferisch. Ich würde ihn einen Künstler nennen. Oder Buddha, Krishna, Laotse – das sind die wahren Künstler! Sie machen das Unmögliche wahr. Das Unmögliche ist die Begegnung des Bekannten mit dem Unbekannten, die Begegnung des Verstandes mit dem, was jenseits des Verstandes liegt. Das ist das Unmögliche und sie machen es wahr.

Die wahren Schöpfer wissen genau, dass sie nicht die Schöpfer sind – sie waren nur ein Instrument, sie waren das Medium. Gewiss, etwas geschah durch sie, aber sie haben es nicht gemacht.

Du sagst: »*Wenn ich aber mein Gedächtnis aufgebe, muss ich auch meine kreative Vorstellungskraft aufgeben …*« Nein, es hat nichts mit der kreativen Vorstellungskraft zu tun. Im Gegenteil, erst wenn du dein Gedächtnis aufgibst, steht dir die kreative Vorstellungskraft zur Verfügung. Die kreative Vorstellungskraft steht dir nicht zur Verfügung, wenn dich das Gedächtnis allzu sehr belastet.

Du sagst: »*... denn ich bin Schriftsteller und alles, was ich schreibe, hat seinen Ursprung in meiner Erinnerung.*« Dann bist du kein großer Schriftsteller. Dann schreibst du nur ständig über Vergangenes, dann schreibst du eigentlich nur Memoiren. Du bringst die Zukunft nicht mit ins Spiel, du bist nur ein Geschichtsschreiber, nur ein Aktenverwalter! Du kannst zu einem Schriftsteller werden, aber nur, wenn du mit dem Unbekannten in Kontakt trittst – nicht mit den Erinnerungen. Alle Erinnerungen sind schon tot. Du musst mit dem, was *ist*, in Kontakt treten, nicht mit dem, woran du dich erinnerst. Du wirst mit dem Sosein, das dich umgibt, in Kontakt treten müssen, wirst dich tiefer auf die Gegenwart einlassen müssen, damit auch etwas von der Zukunft sich in deinem Netz fängt.

Wahre Kreativität kommt nicht aus der Erinnerung, sondern aus dem Bewusstsein. Du musst bewusster werden. Je bewusster du bist, umso weiter spannt sich dein Netz, und natürlich können dann umso mehr Fische darin gefangen werden.

Du sagst: »*Ich frage mich, wie die Welt ohne Kunst aussähe und ohne die kreative Vorstellungskraft, die Kunst erst möglich macht.*« Neunundneunzig Prozent aller Kunst ist überhaupt keine Kunst, sondern nur Schrott. Kunstwerke sind selten, ganz selten. Alles andere sind nur Nachahmungen von Technikern – alles sehr geschickte Leute, clevere Leute, aber keine Künstler. Und wenn diese neunundneunzig Prozent Kunst vom Erdboden verschwinden würde, wäre es ein Segen, denn das ist nicht Kreativität, sondern eher so etwas wie Erbrechen.

Es gibt da heute eine sehr sinnvolle Sache, die Kunsttherapie. Sinnvoll deshalb, weil sie diesen Punkt verstanden hat. Wenn die Menschen krank sind, psychisch krank, kann die Kunst ihnen helfen. Man kann einem Geistesgestörten Leinwand, Farben und Pinsel geben und ihn malen lassen, was er will. Natürlich kommt alles, was er malt, aus seiner Gestörtheit und wirkt verrückt. Aber wenn er erst einmal ein paar Verrücktheiten zu Papier gebracht hat, wird er erstaunlicherweise wieder gesund. Das Malen erweist sich als Katharsis – er hat sich ausgekotzt. Sein System ist etwas losgeworden.

Die so genannte moderne Kunst ist nicht viel anders. Vielleicht haben Picassos Bilder ihn davor bewahrt, verrückt zu werden, aber mehr ist es nicht. Und es ist gefährlich, davor zu meditieren, denn wenn man etwas, das ein anderer erbrochen hat, zum Meditieren hernimmt, kann man selbst davon verrückt werden. Meidet es! Hängt euch keine Bilder von Picasso ins Schlafzimmer, sonst bekommt ihr Alpträume.

Stell dir vor, du hast ein Bild von Picasso vor dir und betrachtest es fünfzehn Minuten lang ... Du wirst ganz nervös, benommen und schwindelig davon werden, es macht dir Übelkeit. Woher kommt das? Weil es das Erbrochene von jemand anderem ist! Ihn hat es erleichtert, ihm hat es gut getan, aber anderen tut es nicht gut.

Einen Michelangelo hingegen kannst du anschauen und stundenlang davor meditieren. Und je länger du meditierst, umso stiller und friedlicher wirst du. Es ist nichts Erbrochenes. Er hat etwas aus dem Unbekannten herübergebracht. Es ist nicht sein Wahnsinn, den er losgeworden ist durch ein Bild oder eine Skulptur oder ein Gedicht oder durch Musik. Es ist nicht so, dass er krank war und damit seine Krankheit loswerden wollte. Nein, ganz im Gegenteil – er war nicht krank, sondern schwanger – schwanger mit Gott. In seinem Sein hatte etwas Wurzeln geschlagen und er wollte es ausdrücken. Es kommt aus seiner Fruchtbarkeit, es ist eine Erfüllung. Er hat in kreativer Weise gelebt, hat das Leben in kreativer Weise geliebt. Er hat zugelassen, dass das Leben bis in sein tiefstes Inneres eindrang und dort ist er schwanger geworden mit Leben – oder schwanger mit Gott. Und wer schwanger ist, muss gebären.

Picasso übergibt sich, Michelangelo gebärt. Nietzsche übergibt sich, Buddha gebärt. Der Unterschied zwischen den beiden ist so groß, wie er nur sein kann. Ein Kind zu gebären ist eine Sache und sich zu übergeben eine völlig andere.

Beethoven gebärt – etwas unendlich Kostbares kommt durch ihn auf die Erde. Wer seiner Musik zuhört, wird transformiert, wird in eine andere Welt versetzt. Er bekommt ein paar Lichtblicke vom anderen Ufer.

Neunundneunzig Prozent der modernen Kunst ist pathologisch. Wenn sie vom Erdboden verschwinden würde, wäre es nur gesund und ein Segen. Es würde niemandem schaden. Die Psyche des modernen Menschen ist voller Zorn – wütend, weil er nicht mit seinem Sein in Kontakt ist, wütend, weil er allen Sinn verloren hat, wütend, weil er nicht weiß, was seine Bedeutung ausmacht.

Eines der berühmtesten Bücher von Jean-Paul Sartre ist »*Ekel*«. Es beschreibt den Zustand der heutigen Psyche: Die heutige Psyche ist voller Ekel und quält sich. Doch diese Qual ist ihre eigene Schöpfung.

Friedrich Nietzsche hat Gott für tot erklärt. An dem Tag, als er Gott für tot erklärte, begann er den Verstand zu verlieren – denn allein dadurch, dass man erklärt, Gott sei tot … Gott ist nicht tot, nur weil jemand ihn für tot erklärt. Die Erklärung macht keinen Unterschied. Aber als Nietzsche anfing zu glauben, dass Gott tot sei, begann er selbst zu sterben und fing an, den Verstand zu verlieren. Eine Welt ohne Gott kann nur eine irrsinnige Welt sein – denn einer Welt ohne Gott fehlt der Zusammenhang, in dem Sinn möglich ist.

Schau es dir genau an ... du liest ein Gedicht. Die Worte in dem Gedicht haben nur einen Sinn im Zusammenhang des Gedichtes. Wenn man ein Wort aus dem Zusammenhang reißt, ergibt es keinen Sinn. Es war so schön in diesem Kontext! Oder wenn du ein Stück aus einem Gemälde herausschneidest, ergibt es keinen Sinn, denn es hat seine Wurzeln im Zusammenhang verloren. Innerhalb des Bildes war es schön; es erfüllte einen bestimmten Zweck, hatte eine bestimmte Bedeutung. Nun hat es keine Bedeutung mehr.

Ihr könnt eines meiner Augen aus seiner Augenhöhle herausnehmen, aber es wird ein totes Auge sein, ohne Bedeutung. Wenn ihr aber in diesem Moment in meine Augen schaut, erlangen sie eine tiefe Bedeutung, denn sie existieren in meinem Gesamtzusammenhang – sie sind Teil einer Poesie, eines größeren Gemäldes. Die Bedeutung liegt immer in der Beziehung zu etwas, das größer ist als du selbst.

An dem Tag, als Nietzsche erklärte, es gäbe keinen Gott und Gott sei tot, ist er aus dem Zusammenhang herausgefallen. Ohne Gott kann der Mensch keine Bedeutung haben, denn der Mensch ist nur ein kleines Wörtchen im großen Epos Gottes; der Mensch ist nur ein kleiner Ton im großen Orchester Gottes. Solch ein einzelner kleiner Ton ist monoton; er hämmert einem in den Ohren und muss einen verrückt machen.

So geschah es mit Nietzsche. Er glaubte wahrlich an seine eigene Behauptung. Er war gläubig – ein Gläubiger, der an sich selbst glaubt. Er glaubte, dass Gott tot sei und der

Mensch frei – aber er selbst wurde bloß wahnsinnig und nicht frei. Dieses Jahrhundert hat Friedrich Nietzsche auf tausendundeine Art imitiert und das ganze Jahrhundert wurde wahnsinnig. Es gab noch nie ein Jahrhundert in der ganzen Weltgeschichte, das so verrückt war wie dieses (letzte) Jahrhundert. Zukünftige Historiker werden über dieses Jahrhundert berichten als das Jahrhundert des Wahnsinns. Es *ist* wahnsinnig – wahnsinnig, weil es den Zusammenhang verloren hat.

Warum lebst du? Wofür? Du zuckst mit den Schultern. Das bringt nicht viel. Dass du da bist, scheint ein reiner Zufall zu sein. Wenn du nicht da wärst, würde es auch keinen Unterschied machen. Wenn du da bist, macht es keinen Unterschied. Du machst überhaupt keinen Unterschied! Du bist unnötig, du erfüllst hier keine Aufgabe. Ob es dich gibt oder nicht, ist egal. Wie willst du da glücklich sein? Und wie willst du geistig gesund bleiben? Ein Zufall, ein reiner Zufall? – Dann ist alles okay, dann ist auch ein Mord okay. Wenn alles Zufall ist, was spielt es dann für eine Rolle, was du tust? Dann hat keine Handlung irgendeinen Wert – dann ist auch Selbstmord in Ordnung, dann ist Mord in Ordnung, dann ist alles in Ordnung!

Es ist aber nicht alles in Ordnung – denn manches macht dir Freude und manches macht dich unglücklich; manches erzeugt Ekstase und manches nur Agonie; manches schafft dir nur die Hölle und manches führt dich in die Welt des Paradieses. Nein, es ist nicht alles egal. Doch sobald man Gott für tot hält, sobald man die Verbindung zum Ganzen verliert – und Gott ist nichts anderes als das Ganze ... Was ist denn eine Welle, wenn sie das Meer vergisst? Ein Nichts. Diese große Flutwelle, die sie war, als sie noch zum Meer gehörte.

Denke daran: Wahre Kunst entsteht aus wahrer Religiosität, denn Religiosität bedeutet, eine Kommunion mit der Wirklichkeit einzugehen. Sobald du in Kommunion mit der Wirklichkeit bist, entsteht wahre Kunst.

Du sagst: »*Ich frage mich, wie diese Welt ohne Kunst aussähe und ohne die kreative Vorstellungskraft, die Kunst erst möglich macht.*«

Wenn diese neunzig Prozent so genannter Kunst verschwänden, wäre die Welt viel reicher – denn dann gäbe es wahre Kunst. Wenn diese irrsinnigen Bluffer verschwänden ... und ich sage nicht, dass sie nicht malen sollen, sie sollen malen, aber als Therapie. Es ist therapeutisch. Picasso hat Therapie nötig. Er soll malen, aber diese Bilder sollte man nicht ausstellen, und wenn, dann höchstens im Irrenhaus. Sie könnten ein paar Verrückten als Ventil dienen – sie sind kathartisch.

Wahre Kunst ist etwas, das dir hilft, meditativ zu sein. Gurdjieff nannte die wahre Kunst »objektive Kunst« – denn sie hilft euch zu meditieren. Der Taj Mahal, das ist wahre Kunst. Hast du den Taj Mahal schon gesehen? Es lohnt sich hinzufahren. In einer Vollmondnacht einfach dort zu sitzen und dieses wunderbare Meisterwerk zu betrachten ... und du bist erfüllt vom Unbekannten. Etwas vom Jenseitigen wird dich berühren.

Ich möchte euch die Geschichte erzählen, wie der Taj Mahal entstanden ist:

Ein Mann aus dem persischen Shiras war gekommen und sein Name war Shirasi, weil er aus Shiras stammte. Er war ein großer Künstler, der berühmteste aus Shiras. Und er wirkte Wunder. Tausendundeine Geschichte war ihm nach Indien vorausgeeilt. Damals herrschte Schah Jahan und er hörte diese Geschichten. Er lud den Bildhauer an seinen Hof. Doch Shirasi war auch ein Mystiker, ein Sufi-Mystiker.

Schah Jahan fragte ihn: »Man erzählt mir, du könnest die Statue eines Mannes oder einer Frau anfertigen, nur indem du ihre Hand berührst, ohne das Gesicht gesehen zu haben. Ist das wahr?«

Shirasi sagte: »Gib mir Gelegenheit dazu – aber mit einer Bedingung: Stelle fünfundzwanzig schöne Frauen aus deinem Palast hinter eine Wand, hinter einen Vorhang. Ihre Hände sollen aus dem Vorhang zu mir herausragen. Ich werde ihre Hände berühren und dann werde ich eine auswählen – aber mit einer Bedingung. Diejenige, die ich auswähle, werde ich abbilden. Und wenn ihr Abbild so echt wird, dass du zufrieden bist und auch dein ganzer Hofstaat damit zufrieden ist, dann wird sie meine Frau und ich werde sie heiraten. Ich möchte eine Frau aus deinem Palast.«

Schah Jahan war dazu bereit. Er sagte: »Einverstanden!«

Fünfundzwanzig Sklavinnen, wunderschöne Sklavenmädchen, nahmen hinter einem Vorhang Aufstellung. Er ging von einer zur anderen, bis zur fünfundzwanzigsten – und lehnte sie alle ab. Aus reinem Jux, bloß um einen Scherz zu machen, stellte sich die Tochter des Schahs ebenfalls hinter den Vorhang, und nachdem die fünfundzwanzig alle abgelehnt worden waren, streckte sie ihre Hand hervor. Er berührte die Hand, schloss seine Augen, fühlte in sich hinein und sagte: »Dies ist meine Hand!« Und dann steckte er der Tochter des Schahs einen Ring an den Finger, um auszudrücken: »Wenn ich erfolgreich bin, wird sie meine Frau!«

Als der Herrscher hinter den Vorhang kam, war er entsetzt: Wie konnte das Mädchen das nur tun? Aber dann machte er sich keine allzu großen Gedanken, denn es erschien ihm nahezu unmöglich, die ganze Frau als Statue abzubilden, ohne etwas anderes als ihre Hand berührt zu haben.

Shirasi zog sich für drei Monate in einen Raum zurück; er arbeitete Tag und Nacht. Und nach drei Monaten ließ er den Herrscher mit seinem ganzen Hofstaat kommen. Der Schah traute seinen Augen nicht. Die Statue war absolut identisch! Dieser Mann hatte es tatsächlich geschafft. Es war kein einziger Fehler zu finden – und der Schah hätte nur zu gern einen Fehler gefunden, denn er wollte seine Tochter nicht mit diesem armen Mann verheiraten. Aber jetzt war es zu spät, er hatte sein Wort gegeben.

Er war tief beunruhigt und auch seine Frau war beunruhigt – so sehr, dass sie krank wurde. Sie war schwanger und als das Kind zur Welt kam, starb sie – aus Schmerz. Ihr Name war Mumtaj Mahal.

Nun war der König völlig verzweifelt – wie konnte er nur seine Tochter retten? Er bat den Bildhauer zu sich und erzählte ihm das Ganze: »Es war ein Fehler! Und das Mädchen ist daran schuld. Aber du musst meine Situation verstehen: Meine Frau ist gestorben und der Grund ist, dass sie den Gedanken nicht gutheißen konnte, ihre Tochter einem armen Mann zu geben. Und ich kann es auch nicht gutheißen, obwohl ich dir mein Versprechen gegeben habe.«

Da sagte dieser Bildhauer, der Künstler: »Du brauchst dir keine so großen Sorgen zu machen. Hättest du doch nur etwas gesagt! Ich werde zurückgehen. Kein Grund, sich solche Sorgen zu machen. Ich werde nicht darauf bestehen. Ich gehe zurück nach Shiras. Vergiss das Ganze!«

Doch der König sagte: »Das geht nicht; vergessen kann ich das nicht. Ich habe dir ein Versprechen gegeben, mein Wort gegeben. Aber warte, lass mich mal nachdenken.«

Sein Premierminister machte einen Vorschlag: »Du kannst eines tun: Deine Frau ist gestorben und dieser Mann ist ein großer Künstler, das hat er bewiesen. Lass ihn zur Erinnerung an deine Frau ein Modell machen – du solltest ihr ein schönes Grabmal errichten lassen, das schönste auf der Welt. Und mache es zur Bedingung, dass du sein Modell genehmigen musst, bevor du ihm deine Tochter zur Ehe gibst. Und wenn du es nicht genehmigst, dann ist die Sache beendet.«

Die Angelegenheit wurde mit dem Künstler besprochen und er war dazu bereit. Er sagte: »Einverstanden.«

»Nun gut«, dachte der König, »dann werde ich ihm einfach die Genehmigung nicht erteilen.«

Und Shirasi machte viele Modelle und sie waren wunderschön, aber der König war beharrlich und sagte jedes Mal: »Nein, nein, nein.«

Das trieb den Premierminister schier zur Verzweiflung, denn die Modelle waren wirklich großartig. Jedes der Modelle war von einer so erlesenen Schönheit, dass es ungerecht war, sie abzulehnen.

So streute er ein Gerücht aus, vor allem gegenüber dem Bildhauer: »Das Mädchen, das du dir erwählt hast, die Tochter des Königs, ist sehr krank.« Eine Woche war sie sehr krank, in der nächsten Woche wurde sie noch kränker und in der dritten Woche starb sie – den Gerüchten nach.

Als das Gerücht, das Mädchen sei gestorben, den Bildhauer erreichte, baute er sein letztes Modell. Das Mädchen war tot, nun war sein Herz gebrochen. Und dies würde sein letztes Modell sein. Er brachte es dem König und dieser genehmigte es. Der Trick war ja, dass das Mädchen für tot galt und eine Hochzeit nun nicht mehr in Frage kam.

Aus diesem Modell entstand der Taj Mahal. Und das Modell war von einem Sufi-Mystiker. Aber wie konnte er die Statue einer ganzen Frau schaffen, deren Hand er nur einmal berührt hatte? Er muss in einem anderen Bewusstseinszustand gewesen sein. In diesem Moment muss er jenseits des Verstandes gewesen sein. Dieser Moment muss ein Moment tiefer Meditation gewesen sein. In diesem Moment berührte er die Energie und nur durch das Fühlen der Energie vermochte er die ganze Form zu erschaffen.

Das lässt sich mit der Kirlian-Fotografie logisch besser erklären, denn jede Energie hat ihr eigenes Muster. Das Aussehen deines Gesichtes ist nicht zufällig; dein Gesicht sieht so aus, weil du ein bestimmtes Energiemuster in dir trägst. Deine Augen, deine Haare, deine Gesichtsfarbe – das alles hängt von einem bestimmten Energiemuster ab.

Meditierende haben seit jeher mit Energiemustern gearbeitet. Sobald man das Energiemuster kennt, kennt man die ganze Persönlichkeit.

Man kennt beides, das Innere und das Äußere des Menschen, denn alles beruht auf dem Energiemuster. Man kennt seine Vergangenheit, man kennt seine Gegenwart, man kennt seine Zukunft. Sobald man das Energiemuster versteht, hat man den Schlüssel, den Kern von allem, was mit diesem Menschen passiert ist und noch passieren wird.

Das bedeutet also objektive Kunst. Dieser Mann erschuf den Taj Mahal.

Wenn du in einer Vollmondnacht beim Taj Mahal meditierst, wird dein Herz von einer ungekannten Liebe durchströmt. Der Taj Mahal strahlt immer noch diese Energie der Liebe aus. Mumtaj Mahal starb aus Liebe zu ihrer Tochter, Schah Jahan litt aus Liebe und dieser Shirasi erschuf das

Modell, weil er tief gelitten hatte, tief verwundet war und weil seine Zukunft dunkel war. Die Frau, die er erwählt hatte, war nicht mehr da. Aus dieser großen Liebe und mit meditativem Bewusstsein ist der Taj Mahal entstanden.

Er hat noch immer diese Schwingung. Er ist kein gewöhnliches Denkmal, er ist etwas ganz Besonderes. Ebenso wie die Pyramiden in Ägypten und noch vieles andere in dieser Welt, das als objektive Kunst geschaffen wurde – geschaffen von Menschen, die wussten, was sie taten, geschaffen von großen Meditierenden. Das gilt auch für die Upanischaden, die Aussprüche Buddhas, die Botschaften Jesu.

Bedenke also, in meinen Augen bedeutet Kreativität ein meditatives Bewusstsein, bedeutet Kreativität einen Zustand von Nicht-Denken – wenn das Göttliche sich auf dich herabsenkt, wenn Liebe aus dir hervorströmt. Dann passiert etwas, das aus deiner Freude kommt, aus überfließendem Wohlbefinden. Es ist ein Segen. Alles andere aber ist ein Erbrechen.

Du kannst malen, du kannst schreiben als Therapie, aber dann verbrenne deine Bilder, verbrenne deine Gedichte. Du musst solche Ergüsse nicht ständig vor anderen Leuten zur Schau stellen. Und die Leute, die sich für solche Ergüsse interessieren, müssen selbst krank sein. Sie haben ebenfalls Therapie nötig, denn das, wofür man sich interessiert, zeigt, wer man ist und wo man steht.

Du kannst malen, du kannst schreiben als Therapie, aber dann verbrenne deine Bilder, verbrenne deine Gedichte. Du musst solche Ergüsse nicht ständig vor anderen Leuten zur Schau stellen.

Ich bin ganz und gar für objektive Kunst, ganz und gar für meditative Kunst, ganz und gar dafür, dass etwas von Gott hereinfließt. Doch dann wird man zu einem Medium, zu einem Kanal.

Und du sagst: »*Ein Tolstoi könnte nie zu einem Buddha werden* ...« Wer hat dir das denn erzählt? Ein Tolstoi kann sehr wohl zu einem Buddha werden. Früher oder später *wird* er zu einem Buddha werden.

Und du sagst: »... *aber könnte ein Buddha ›Krieg und Frieden‹ schreiben?*« Was hat Buddha denn sonst getan? Und was tue ich hier? Kennst du Krishnas Bhagavadgita? Wenn das nicht *Krieg und Frieden* ist! Tolstoi hat *Krieg und Frieden*, *Anna Karenina* und viele andere schöne Dinge nicht deshalb schreiben können, weil er Tolstoi war, sondern *obwohl* er Tolstoi war. Dostojewski schrieb *Der Idiot*, *Schuld und Sühne* und einen der schönsten Romane, *Die Brüder Karamasow*, nicht, weil er Dostojewski war, sondern *obwohl* er es war. In ihm war etwas von einem Buddha; in ihm war etwas ungeheuer Religiöses. Dostojewski war ein religiöser Mensch – nicht zur Gänze, aber zumindest ein Teil von ihm, ein Bruchteil, war ungeheuer religiös.

Darum haben *Die Brüder Karamasow* diese wunderbare Qualität. Das stammt nicht einfach von einem gewöhnlichen Menschen; etwas Göttliches ist in ihn eingetreten. Dostojewski wurde von Gott besessen, er wurde zu einem Kanal. Natürlich war er noch kein perfekter Kanal, so vieles kommt immer noch aus seinem Verstand. Dennoch sind *Die Brüder Karamasow* wunderbar. Wäre Dostojewski nicht mehr vorhanden gewesen – kein Gedächtnis, kein Ego, keine pathologischen Züge –, dann wären *Die Brüder Karamasow* zu einem weiteren *Neuen Testament* geworden. Es wäre das Gleiche gewesen wie die Botschaften Jesu oder Buddhas *Diamantsutra* oder die *Upanischaden*. Er hatte diese Qualität!

2. Nachgeburtsdepression

Wenn ich ein Buch schreibe, bin ich im Fluss, voller Energie und Freude. Sobald ich es fertig habe, fühle ich mich so leer und tot, dass mir das Leben unerträglich erscheint. Jetzt fange ich gerade wieder mit einem Buch an, und obwohl ich an der Arbeit selbst Freude habe, fühle ich mich beim Meditieren oft überwältigt von der Angst vor der Leere, die mir in ein paar Monaten bevorsteht.

Diese Frage ist von einer Romanschriftstellerin. Ich habe mir ihre Romane angesehen und sie sind wunderbar. Sie hat den Dreh heraus, wie man eine gute Geschichte erzählt, wie man eine Geschichte webt. Und diese Erfahrung ist nicht nur ihre, diese Erfahrung macht fast jeder, der irgendwie kreativ ist. Doch ihre Interpretation ist falsch und so vieles hängt von der Interpretation ab.

Wenn eine Frau ein Kind in sich trägt, ist sie erfüllt. Und wenn das Kind dann geboren wird, fühlt sie sich natürlich leer. Sie vermisst das neue Leben, das in ihrem Bauch pulsierte und strampelte. Das Kind ist herausgekommen und für ein paar Tage fühlt sie sich leer. Doch sie kann das Kind lieben und indem sie das Kind liebt und ihm hilft zu wachsen, vergisst sie ihre Leere. Einem Künstler ist nicht einmal das möglich.

Du malst oder du schreibst ein Gedicht oder einen Roman – und wenn du fertig bist, fühlst du eine tiefe Leere. Und was kannst du mit dem Buch jetzt noch anstellen? Wenn ein Buch fertig ist, ist es fertig. Dann braucht es keine Hilfe, keine Liebe. Es wächst nicht mehr weiter, es ist vollendet. Es kommt fertig ausgewachsen auf die Welt. Wenn ein Gemälde fertig ist, ist es fertig. Als Künstler fühlt man sich dann total leer, aber diese Leere muss man sich genauer ansehen. Sag nicht, du bist erschöpft, sag lieber, du hast dich verausgabt. Sag nicht, du bist leer, denn jede Leere hat auch Fülle in sich. Du musst es nur von der richtigen Seite sehen.

Wenn du in einen Raum kommst, gibt es da Möbel, Bilder an den Wänden und andere Dinge. Wenn nun all diese Dinge und die Bilder entfernt werden und du diesen Raum wieder betrittst – was wirst du dann sagen? Wirst du diesen Raum leer oder voll nennen? »Raum« bedeutet »Leere«, »Raum« bedeutet »Geräumigkeit«. Wenn die Möbel entfernt worden sind, ist der Raum voll geworden. Als es noch Möbel darin gab, konnte der Raum nicht voll sein – es fehlte ihm an »Raum«, weil die Möbel da waren. Jetzt ist der Raum vollkommen – total leer.

Du kannst es von zwei Seiten her betrachten. Wenn du dich zu sehr an den Möbeln orientierst und nur die Stühle und Tische und das Sofa siehst und die Raumhaftigkeit des Raumes nicht wahrnimmst, wirst du ihn als leer empfinden. Wenn du dir aber der Leere bewusst bist und sie direkt wahrnehmen kannst, wirst du eine ungeheure Freiheit empfinden, die vorher nicht da war, weil es an »Raum« fehlte. Du konntest dich nicht bewegen. Wenn du den Raum mit Möbeln immer mehr vollstellst, kommt der Punkt, wo du dich überhaupt nicht mehr bewegen kannst, weil der »Raum« völlig verschwunden ist.

Einmal wohnte ich im Haus eines sehr reichen Mannes. Er war sehr reich, aber Geschmack hatte er keinen. Sein Haus war so vollgestellt, dass es überhaupt kein Haus mehr war. Man konnte sich nicht bewegen und musste ständig

Angst haben, sich zu bewegen, weil er so wertvolle Antiquitäten hatte. Er hatte selbst Angst, sich zu bewegen, und die Diener waren ständig in Sorge. Er gab mir das beste, schönste Zimmer in seinem Haus. Und ich sagte zu ihm: »Das ist kein Zimmer, das ist ein Museum. Bitte gib mir einen Raum, in dem ich mich bewegen kann, dann ist es ein Raum. Das hier ist kein Raum. Der Raum ist fast völlig verschwunden!«

Ein Raum bedeutet die Freiheit, die »Raum« gibt. Wenn du arbeitest und etwas erschaffst, ist dein Verstand mit vielen Dingen vollgestellt. Der Verstand ist besetzt. Beim Schreiben eines Romanes ist der Verstand besetzt, beim Schreiben eines Gedichtes ist der Verstand besetzt. Es sind zu viele Möbel darin, die Möbel des Verstandes – Gedanken, Gefühle, Figuren. Und dann ist das Buch fertig. Plötzlich sind die Möbel weg und du fühlst dich leer. Aber du brauchst nicht traurig zu werden. Wenn du es richtig siehst – was Buddha »rechtes Sehen« nannte, *samyak drasthi* –, wenn du es richtig betrachtest, wirst du dich befreit fühlen – von einem Zwang, einer Besetztheit. Du wirst dich wieder rein und unbelastet fühlen. All die Figuren aus deinem Roman schwirren nicht mehr in dir herum. Die Gäste sind fort und die Gastgeberin ist wieder ganz entspannt. Genieße das! Deine falsche Interpretation erzeugt nur Traurigkeit und Angst. Genieße es. Ist dir das noch nie aufgefallen: Wenn ein Gast zu dir kommt, fühlst du dich gut – und wenn er wieder geht, fühlst du dich noch besser. Er lässt dich allein zurück und jetzt hast du wieder den ganzen Raum für dich.

Einen Roman zu schreiben kann einen fast verrückt machen, weil so viele Figuren bei dir zu Gast sind, und jede Figur hat ihr Eigenleben. Und sie hört nicht immer auf den

Autor, nicht immer. Manchmal ist sie eigensinnig und zwingt den Autor in eine bestimmte Richtung. Der Autor fängt den Roman an, aber beenden tut er ihn nicht. Die Figuren beenden ihn selbst.

Es ist genauso, wie wenn du ein Kind in die Welt setzt. Du kannst das Kind gebären, aber dann fängt es an, seinen eigenen Weg zu gehen. Die Mutter dachte vielleicht, aus dem Kind könnte ein Arzt werden, aber es wird zu einem Landstreicher – was kannst du da machen? Du tust dein Bestes, aber es wird ein Landstreicher.

Das Gleiche passiert, wenn du einen Roman schreibst. Du fängst mit einer Figur an; du wolltest aus ihr einen Heiligen machen, aber sie wird zu einem Sünder. Und ich sage dir, es ist genauso wie bei einem Kind: Die Mutter macht sich Sorgen, der Romanschreiber macht sich Sorgen. Der Autor wollte aus seiner Figur einen Heiligen machen, doch nun wird daraus ein Sünder – und er kann nichts dagegen tun. Er fühlt sich geradezu ohnmächtig, so als würden seine Figuren ihn benutzen. Es sind seine Fantasieprodukte, aber sobald er sich mit ihnen beschäftigt, werden sie fast real. Und solange er sie nicht wieder los ist, hat er keinen Frieden. Wenn du ein Buch im Kopf hast, musst du es schreiben, damit du es los wirst. Es ist eine Katharsis; es befreit dich von einer Last.

Darum werden kreative Menschen oft verrückt. Mittelmäßige Menschen werden nicht verrückt – sie haben nichts, woran sie verrückt werden könnten. Sie haben nichts in ihrem Leben, was sie verrückt machen könnte. Große Schaffende werden fast immer verrückt. Ein van Gogh wird verrückt, ein Nijinsky wird verrückt, ein Nietzsche wird verrückt. Woran liegt es, dass sie verrückt werden? Sie sind so besetzt; so viele Dinge schwirren in ihrem Kopf herum. In ihrem Inneren ist kein Raum für sie selbst. So viele Leute gehen dort ständig ein und aus. Es ist, als würden sie ständig auf der Straße mitten im Verkehr sitzen. Dafür muss jeder Künstler bezahlen.

Denke daran: Wenn ein Buch fertig ist und dein Kind geboren wurde, dann sei glücklich darüber. Genieße den Raum, denn früher oder später wird ein neues Buch auftauchen. So wie die Blätter an den Bäumen hervorsprießen, wie die Blüten an den Bäumen hervorsprießen, genauso sprießen auch Gedichte aus Dichtern hervor, sprießen Romane aus Romanschriftstellern hervor, sprießen Bilder aus Malern hervor, quellen Lieder aus Sängern hervor. Daran lässt sich nichts ändern – es ist natürlich.

Wenn also manchmal im Herbst die Blätter abgefallen sind und der Baum allein in den Himmel ragt, ohne Blätter, dann freue dich darüber. Nenne es nicht Leere, nenne es eine neuartige Fülle: voll von dir selbst. Da ist keiner, der sich einmischt – du ruhst in dir selbst. Diese Periode des Ausruhens ist notwendig für jeden Künstler; es ist ein natürlicher Vorgang. Der Körper einer jeden jungen Mutter braucht ein bisschen Ruhe. Wenn ein Kind geboren ist und gleich das nächste empfangen wird – und so war es früher, im Osten war es früher so und in Indien ist es auch heute noch so. Mit dreißig Jahren ist eine Frau schon fast alt, weil sie ständig Kinder zur Welt bringt, ohne Pausen, um sich zu erholen, zu verjüngen, mit sich allein zu sein. Sie ist müde und verbraucht. Ihre ganze Jugend, ihre Frische, ihre Schönheit sind dahin. Wenn du ein Kind zur Welt gebracht hast, brauchst du eine Ruhepause. Du brauchst Zeit zum Ausruhen. Und wenn dein Kind ein Löwe werden soll, dann brauchst du eine lange Ruhepause. Eine Löwin gebiert nur ein Junges, weil sie mit ihrem ganzen Wesen daran beteiligt ist. Und danach brauchst du eine Ruhepause, eine lange Ruhezeit, um dich wieder zu erholen. Um die Energie, die du dem Kind gegeben hast, wieder zu gewinnen – um dich selbst wieder zu gewinnen, damit wieder etwas Neues aus dir hervorkommen kann.

Wenn du einen Roman schreibst und er wirklich ein großes Kunstwerk geworden ist, wirst du dich leer fühlen. Wenn es nur eine Art journalistischer Tätigkeit gewesen ist, die du für Geld erledigt hast, weil ein Verlag mit dir einen Vertrag gemacht hat, dann geht es nicht so tief. Danach wirst du dich nicht leer fühlen; du bist gleich geblieben. Aber je tiefer deine Schöpfung, desto größer die Leere danach. Je größer der Sturm, desto größer die Stille danach. Genieße es. Der Sturm ist gut, genieße ihn. Und die anschließende Stille ist auch gut. Der Tag ist schön, voll von Aktivität, und die Nacht ist auch sehr schön, voll von Inaktivität, Passivität, Leere. Man schläft und am Morgen ist man wieder zurück in der Welt, voll Energie für die Arbeit, für das Handeln.

Je tiefer deine Schöpfung, desto größer die Leere danach. Je größer der Sturm, desto größer die Stille danach. Genieße es. Der Sturm ist gut, genieße ihn. Und die anschließende Stille ist auch gut.

Habe keine Angst vor der Nacht. Viele Leute haben Angst davor. Da gibt es eine Sannyasin, der ich den Namen *Nisha* gegeben habe. *Nisha* bedeutet »die Nacht«. Sie kommt immer wieder zu mir und sagt: »Bitte ändere meinen Namen.« Warum? Sie sagt: »Ich habe Angst vor der Nacht. Warum hast du mir unter so vielen Namen ausgerechnet diesen gegeben? Ändere ihn.« Ich werde ihn aber nicht ändern. Ich habe ihn ihr absichtlich gegeben, gerade wegen ihrer Angst – ihrer Angst vor Dunkelheit, ihrer Angst vor Passivität, ihrer Angst vor Entspannung, ihrer Angst vor Hingabe. All das wird durch das Wort »Nacht«, *nisha*, angedeutet. Man muss auch die Nacht akzeptieren. Nur dann kann man vollständig werden, voll und ganz.

Lass es dir also nicht entgehen. Diese Leere ist schön – viel schöner als die Tage der Kreativität –, denn die Kreativität kommt aus der Leere. Die Blüten sprießen aus der Leere. Genieße die Leere. Fühle dich glücklich und gesegnet. Akzeptiere sie, heiße sie willkommen als einen Segen, dann wirst du bald sehen, wie du dich wieder mit Aktivität füllst. Und dann kann ein noch großartigeres Buch entstehen. Mach dir deswegen keine Gedanken. Es gibt keinen Grund zur Beunruhigung. Es ist nur eine Fehlinterpretation eines wunderbaren Phänomens.

Aber der Mensch lebt in Worten. Sobald man einer Sache einen falschen Namen gibt, fängt man an, davor Angst zu haben. Sei präzise, sehr präzise. Beachte immer, was du sagst, denn etwas zu sagen bedeutet nicht einfach, irgendetwas zu sagen. Es hat einen tiefen Zusammenhang mit deinem Wesen. Sobald du etwas Leere nennst, bekommst du Angst – wegen dieses Wortes.

In Indien haben wir bessere Wörter für Leere. Wir sagen dazu *shunya*. Das ist ein sehr positives Wort, ohne negativen Beiklang. Es ist schön; es bedeutet einfach »Raum«, ohne Grenzen – *shunya*. Und so haben wir das höchste Ziel *shunya* genannt. Buddha sagt, wenn du zu *shunya* wirst, zum absoluten Nichts, dann bist du am Ziel.

Ein Dichter, ein Künstler, ein Maler ist auf dem Weg, ein Mystiker zu werden. Alle künstlerische Tätigkeit ist auf dem Weg zur Religiosität. Wenn du aktiv bist, ein Gedicht schreibst, dann bist du im Verstand. Wenn das Gedicht geboren ist, hast du dich verausgabt und dein Verstand ruht sich aus. Benutze diese Augenblicke, um dich in dein Sein hineinfallen zu lassen. Nenne es nicht Leere, nenne es Ganzheit. Nenne es Sein, nenne es Wahrheit, nenne es Gott. Dann wirst du den Segen fühlen können, der darin liegt.

Ein Dichter, ein Künstler, ein Maler ist auf dem Weg, ein Mystiker zu werden. Alle künstlerische Aktivität ist auf dem Weg zur Religiosität.

3. Kreative »Mischehen«

Ich fühle den Drang zu künstlerischem Ausdruck in mir und ich hatte eine disziplinierte klassische Ausbildung in westlicher Musik. Oft habe ich das Gefühl, dass diese Ausbildung die spontane Kreativität einschränkt, und in letzter Zeit fällt es mir sehr schwer, regelmäßig zu üben. Ich bin mir nicht mehr sicher, was die Kriterien wahrer Kunst sind und welcher Prozess nötig ist, damit ein Künstler authentische Kunst hervorbringen und produzieren kann. Wie kann ich den Künstler in mir fühlen?

Das Paradoxe an der Kunst ist, dass du zuerst die Disziplin lernen und sie dann aber auch wieder völlig vergessen musst. Wenn du das ABC deiner Kunst nicht kennst, wirst du in ihr nicht sehr tief gehen können. Wenn du aber nur die Technik kennst und dein ganzes Leben lang immer nur die Technik übst, wirst du vielleicht technisch sehr perfekt sein, aber du bleibst ein Techniker. Du wirst nie zu einem richtigen Künstler werden.

Im Zen sagt man, wenn du ein Maler werden willst, musst du zwölf Jahre lang Malen lernen und dann musst du zwölf Jahre lang alles über das Malen vergessen. Du musst es völlig vergessen, als hätte es überhaupt nichts mit dir zu tun. Zwölf Jahre lang solltest du meditieren, Holz hacken, Wasser vom Brunnen holen. Du kannst alles Mögliche tun, nur nicht malen.

Dann wirst du eines Tages fähig sein zu malen. Vierundzwanzig Jahre Ausbildung: zwölf Jahre Training, um die Technik zu lernen, und zwölf Jahre Training, um sie wieder zu vergessen. Dann kannst du malen. Nun ist die Technik zu einem Teil von dir geworden. Sie ist nicht bloß technisches Wissen – sie ist dir in Fleisch und Blut übergegangen. Nun kannst du spontan sein. Die Technik wird dich nicht mehr behindern, sie wird dich nicht mehr einschränken.

Genau das ist auch meine Erfahrung.

Du solltest jetzt nicht weiter üben. Vergiss die ganze klassische Musik. Tu andere Dinge – Gärtnern, Bildhauern, Malen –, aber vergiss die klassische Musik, so als ob sie gar nicht existierte. Lass sie für ein paar Jahre in den Tiefen deines Seins ruhen, damit sie völlig absorbiert wird. Dann wird es keine Technik mehr sein, dann wird eines Tages plötzlich der Drang von dir Besitz ergreifen – und dann fange wieder an zu spielen. Und wenn du dann wieder spielst, kümmere dich nicht so sehr um die Technik, sonst kannst du nie spontan sein.

Sei ein bisschen erfinderisch – das bedeutet Kreativität. Erfinde neue Wege, neue Mittel. Probiere etwas Neues, das noch niemand gemacht hat. Am kreativsten sind jene Leute, die irgendeine andere Disziplin gelernt haben.

Wenn zum Beispiel ein Mathematiker anfängt, Musik zu machen, trägt er etwas Neues zur Welt der Musik bei. Wenn ein Musiker zum Mathematiker wird, trägt er etwas Neues zur Welt der Mathematik bei. Alle großen kreativen Leistungen stammen von Leuten, die von einer Disziplin zur anderen überwechseln. Es ist wie das Kreuzen von Erbanlagen. Mischlingskinder, die aus verschiedenen Rassen gekreuzt werden, sind viel gesünder, viel schöner.

Sei ein bisschen erfinderisch – das bedeutet Kreativität. Erfinde neue Wege, neue Mittel. Probiere etwas Neues, das noch niemand gemacht hat. Am kreativsten sind jene Leute, die irgendeine andere Disziplin gelernt haben.

Darum hat man in allen Ländern seit vielen Jahrhunderten Geschwisterehen verboten. Das hat seinen Grund: Eine Ehe ist besser zwischen Personen, die nur sehr entfernt miteinander verwandt oder überhaupt nicht blutsverwandt sind. Es ist gut, wenn Menschen aus einer Rasse in eine andere Rasse einheiraten – und falls wir eines Tages Wesen auf anderen Planeten entdecken, sollte es Mischehen zwischen den Erdbewohnern und den Außerirdischen geben. Auf diese Weise könnte eine neue Art Mensch entstehen.

Das Tabu, das Verbot einer Beziehung oder Ehe zwischen Bruder und Schwester ist sinnvoll, wissenschaftlich sinnvoll. Aber man hat es im Detail noch nicht bis ins Extrem, ins logische Extrem verfolgt. Das logische Extrem wäre: Kein Inder sollte einen anderen Inder heiraten, kein Deutscher einen anderen Deutschen. Am besten wäre es, wenn Deutsche und Inder heiraten, Inder und Japaner, Japaner und Afrikaner, Afrikaner und Amerikaner, Juden und Christen, Christen und Hindus, Hindus und Mohammedaner. Das wäre am besten. Es würde das Bewusstsein auf dem ganzen Planeten anheben. Wir würden viel bessere Kinder hervorbringen – wacher, lebendiger, in jeder Hinsicht reicher.

Aber wir sind so töricht. Wir machen alles Mögliche und akzeptieren alles Mögliche. Was will ich damit sagen?

Hugo, ein attraktiver junger Mann, hat eine ernste Unterredung mit seiner Mutter: »Mama, die Zeit ist reif, mehr als reif, dass ich mich mal von Herz zu Herz mit dir über meine Beziehung zu Didi unterhalte. Um ganz offen zu sein: Unsere Beziehung ist zu einer – wie soll ich es sagen, ohne dir weh zu tun – zu einer schönen, wunderbaren, ja fast heiligen Sache geworden. Um dir die Wahrheit zu sagen, liebste Mama: Ich liebe Didi und Didi liebt mich. Wir wollen so schnell wie möglich heiraten und hoffen beide auf deinen Segen.«

»Aber, Hugo«, protestiert die Mutter, »ist dir eigentlich klar, was du da sagst? Erwartest du im Ernst von mir, dass ich einer solchen Ehe zustimme? Was werden denn die Leute sagen? Was werden unsere Freunde und Bekannten sagen?«

»Ach, Mama, sei doch nicht so ein Spielverderber! Wo wir doch immer so gute Freunde waren, wir beide! Das hätte ich nie von dir gedacht, von dir am allerwenigsten!«

»Aber, mein lieber Sohn, man kann sich nicht so über alle Konventionen hinwegsetzen!«

»Also gut, Mutter. Dann wollen wir mal Klartext reden, wie zwei zivilisierte Menschen. Sag mir bitte klipp und klar, was du dagegen haben könntest – oder irgendjemand anderer –, dass David und ich heiraten?«

»Du weißt ganz genau, warum ich dagegen bin. Er ist Jude!«

Die Leute haben so vieles gegeneinander. Sie sind schon zu lange auf diese Feindseligkeit programmiert worden und sie haben völlig vergessen, dass wir alle Menschen sind und zur selben Erde, zum selben Planeten gehören.

Je größer der Unterschied zwischen Ehefrau und Ehemann, umso besser wird das Produkt dieser Ehe sein. Und das Gleiche gilt auch für die Musik, die Malerei, Mathematik, Physik, Chemie – für diese Art von »Mischehen«. Sobald jemand von einer Disziplin zur anderen überwechselt, bringt er das Aroma seiner Disziplin mit ein, obwohl er sie nicht ausübt.

Was wirst du mit deiner Musik anfangen, wenn du zur Physik überwechselst? Du musst sie vergessen, aber sie bleibt im Hintergrund vorhanden. Sie ist ein Teil von dir geworden und wird dich beeinflussen, was immer du tust. Die Physik ist ganz was anderes, aber wenn du eine musikalische Ausbildung hattest, wirst du früher oder später Theorien und Hypothesen entwickeln, die auf irgendeine Weise die Farbe und den Duft von Musik haben. Vielleicht wirst du dann anfangen, die Harmonie des Universums zu fühlen – nicht das Chaos, sondern den Kosmos. Vielleicht wirst du, wenn du in die tieferen Sphären der Physik eindringst, zu fühlen beginnen, dass die Existenz wie ein Orchester ist. Nun, das ist nicht möglich für jemanden, der überhaupt nichts von Musik versteht.

Wenn ein Tänzer zur Musik kommt, bringt er etwas Neues ein; er wird der Musik etwas Neues hinzufügen.

Meine Empfehlung ist, immer wieder von einer Disziplin zur anderen zu wechseln. Sobald du gelernt hast, dich in einer Disziplin zurechtzufinden, sobald du dich von einer Technik eingeengt fühlst, dann schlüpfe einfach heraus und gehe in einen anderen Bereich. Es ist eine gute Idee, eine großartige Idee, von einer Disziplin zur anderen weiterzugehen. Du wirst sehen, wie du immer kreativer wirst.

Eines musst du dir merken: Wenn du wirklich kreativ bist, wirst du möglicherweise nicht berühmt werden. Ein wirklich kreativer Mensch braucht Zeit, bis er berühmt wird, denn er muss erst Werte schaffen, neue Werte, neue Kriterien, nach denen man ihn bewerten kann. Er muss mindestens fünfzig Jahre warten – und bis dahin ist er tot! Erst dann fangen die Leute an, ihn anzuerkennen. Wenn du berühmt werden willst, vergiss die ganze Kreativität. Dann übe und übe und mache einfach immer weiter das, was du schon tust, aber mit immer größerer Virtuosität, mit immer mehr technischer Perfektion – dann wirst du berühmt werden, denn das verstehen die Leute. Das ist bereits akzeptiert.

Sobald du etwas Neues in die Welt bringst, wird man dich zwangsläufig ablehnen. Die Welt verzeiht es denjenigen, die etwas Neues bringen, niemals. Die Welt kann gar nicht anders, als die kreativen Menschen zu bestrafen, vergiss das nicht. Den unkreativen, technisch perfekten, virtuosen Leuten applaudiert man, weil technische Perfektion nichts anderes ist als die Perfektion des Vergangenen. Und jeder versteht das Vergangene, jeder ist dazu erzogen worden, das Vergangene, das Althergebrachte zu verstehen.

Wer etwas Neues in die Welt bringt, findet niemanden, der es zu schätzen weiß. Es ist zu neu, als dass es Kriterien gäbe, nach denen man es beurteilen könnte. Es existieren noch nicht die Mittel, die den Leuten helfen könnten, es zu verstehen. Es wird mindestens fünfzig Jahre oder länger dauern, bis die Leute anfangen, es zu schätzen – und dann ist der Künstler längst tot.

Jeder versteht das Vergangene, jeder ist dazu erzogen worden, das Vergangene, das Althergebrachte zu verstehen. Wer etwas Neues in die Welt bringt, findet niemanden, der es zu schätzen weiß. Es ist zu neu, als dass es Kriterien gäbe, nach denen man es beurteilen könnte.

Vincent van Gogh fand zu seiner Zeit keine Anerkennung. Nicht ein einziges Bild von ihm wurde jemals verkauft. Heute verkauft man jedes seiner Bilder für Millionen von Dollars, doch damals waren die Leute nicht einmal bereit, Vincent van Goghs Bilder als Geschenk anzunehmen – dieselben Bilder! Er gab sie Freunden, gab sie jedem, der bereit war, sie in seinem Zimmer aufzuhängen. Aber niemand wollte seine Bilder im Zimmer haben, weil die Leute sich Sorgen machten, dass andere dazu sagen würden: »Bist du verrückt geworden oder was? Was soll denn dieses Bild?«

Vincent van Gogh hatte seine eigene Welt; er brachte einen neuen Blick. Es hat viele Jahrzehnte gedauert, bis die Menschheit allmählich zu spüren begann, dass das tatsächlich etwas war. Die Menschheit ist langsam und träge; sie hinkt immer der Zeit hinterher. Und der kreative Mensch ist immer seiner Zeit voraus – daher diese Kluft.

Wenn du also wirklich kreativ sein willst, musst du akzeptieren, dass du nicht berühmt sein wirst. Du wirst nicht bekannt werden. Wenn du wirklich kreativ sein willst, musst du lernen, die Kunst einfach »um der Kunst willen« und aus keinem anderen Motiv heraus zu betreiben. Freue dich an dem, was du machst. Wenn du ein paar Freunde findest, die sich mit dir freuen – gut. Wenn keiner da ist, der es mit dir genießt, dann genieße es alleine. Wenn *du* deinen Spaß daran hast, genügt das. Wenn du dadurch befriedigt bist, genügt das.

Du fragst mich: *»Ich bin mir nicht mehr sicher, was die Kriterien wahrer Kunst sind.«*

Wahre Kunst bedeutet, dass es dir hilft, still zu werden, ruhig, voller Freude. Dass es in dir einen Jubel erzeugt und etwas in dir zum Tanzen bringt. Ob jemand anderer daran teilnimmt oder nicht, ist unwesentlich. Wenn es zur Brücke wird zwischen dir und Gott – dann ist es wahre Kunst. Wenn es zur Meditation wird – dann ist es wahre Kunst. Wenn du so völlig darin aufgehst, dass das Ego verschwindet – dann ist es wahre Kunst.

Freue dich an dem, was du machst. Wenn du ein paar Freunde findest, die sich mit dir freuen – gut. Wenn keiner da ist, der es mit dir genießt, dann genieße es alleine. Wenn du deinen Spaß daran hast, genügt das. Wenn du dadurch befriedigt bist, genügt das.

Zerbrich dir also nicht den Kopf darüber, was wahre Kunst ist. Wenn dir das Tun Freude macht, wenn du dich im Tun verlierst, wenn du dich im Tun von Freude und Frieden überwältigt fühlst – dann ist es wahre Kunst. Kümmere dich nicht darum, was die Kritiker sagen. Kritiker haben keine Ahnung von Kunst. Tatsächlich werden meist gerade diejenigen zu Kritikern, die es nicht geschafft haben, Künstler zu werden. Wenn man nicht selbst am Wettlauf teilnehmen und bei den Olympischen Spielen mitlaufen kann, so kann man wenigstens am Straßenrand stehen und den Läufern Steine nachwerfen! Das kann man leicht.

Und das ist es, was die Kritiker ständig machen. Sie können nicht teilnehmen, sie können nichts erschaffen.

Ich habe von einem Sufi-Mystiker gehört, der es liebte zu malen, und alle Kritiker seiner Zeit hatten etwas gegen ihn. Jeder kam und zeigte ihm: »Dies ist falsch und jenes ist falsch!«

Er wurde diese Leute leid und darum hängte er eines Tages alle seine Bilder vor seinem Hause auf. Und er lud alle Kritiker ein und forderte sie auf, Pinsel und Farbe mitzubringen, um seine Bilder zu korrigieren. Sie hätten die Bilder lange genug kritisiert; nun sei es an der Zeit, sie zu verbessern.

Kein einziger Kritiker tauchte auf. Es ist leicht zu kritisieren; es ist schwierig, es besser zu machen. Und danach hörten die Kritiker auf, seine Bilder zu kritisieren. Er hatte das Richtige getan!

Leute, die nicht schöpferisch sein können, werden Kritiker – mache dir also keine Gedanken über sie! Das Entscheidende ist dein inneres Gefühl, dein inneres Strahlen, das innere Feuer.

Wenn dir beim Musizieren ganz warm wird, wenn Freude in dir aufsteigt und das Ego sich auflöst, dann wird es zur Brücke zwischen dir und Gott. Kunst kann die andächtigste, meditativste Sache überhaupt sein.

Wenn irgendeine Kunst – ob Musik, Malerei, Bildhauerei oder Tanz – wenn irgendeine Kunst dich in deinem innersten Wesen packt, dann ist es der beste Weg zu beten, der beste Weg zu meditieren. Dann brauchst du keine andere Meditation. Dann ist es deine Meditation. Sie wird dich nach und nach, Schritt für Schritt, zu Gott hinführen.

Das also ist mein Kriterium: Wenn es dich zu Gott hinführt, ist es wahre Kunst; dann ist es authentische Kunst.

4. Die Rolle des Geldes

Könntest du über Geld sprechen? Was sind all diese Gefühle im Zusammenhang mit Geld? Was macht denn die Macht des Geldes aus, dass die Menschen sogar ihr Leben dafür opfern?

Das ist eine sehr bedeutsame Frage.

Alle Religionen waren schon immer gegen den Reichtum, denn der Reichtum kann euch alles geben, was käuflich ist im Leben. Und fast alles ist käuflich, außer spirituelle Werte wie Liebe, Mitgefühl, Erleuchtung, Freiheit. Das sind die wenigen Ausnahmen – und die Ausnahmen bestätigen immer die Regel. Alles andere kann man für Geld kaufen. Und weil alle Religionen gegen das Leben waren, mussten sie natürlich auch gegen Geld sein; das ist die natürliche Folge.

Zum Leben braucht man Geld, denn zum Leben braucht man bestimmte Annehmlichkeiten, zum Leben braucht man gutes Essen, braucht man gute Kleidung, eine gute Behausung. Zum Leben braucht man aber auch schöne Literatur, Musik, Kunst, Poesie. Das Leben ist so unermesslich groß!

Ein Mensch, der nichts von klassischer Musik versteht, ist arm. Er ist taub, selbst wenn er hören kann. Augen, Ohren, Nase, alle Sinne mögen medizinisch gesehen bei ihm völlig in Ordnung sein, aber metaphysisch gesehen …

Könnt ihr die Schönheit großer Werke der Literatur sehen – zum Beispiel *»Das Buch von Mirdad«*? Wenn ihr sie nicht sehen könnt, seid ihr blind. Ich kenne Leute, die noch nie etwas über *»Das Buch von Mirdad«* gehört haben. Wenn ich eine Liste der besten Bücher machen sollte, würde ich dieses an die erste Stelle setzen. Um seine Schönheit erkennen zu können, braucht man aber eine enorme Vorbereitung.

Um klassische Musik verstehen zu können, muss man sie lernen – und es ist ein langes Lernen! Und um es lernen zu können, muss man frei sein – frei von Hunger, frei von Armut, frei von allen möglichen Vorurteilen. Bei den Mohammedanern zum Beispiel war Musik verboten. Dadurch hat man die Menschen einer großartigen Erfahrung beraubt.

Es geschah einmal in Neu Delhi ... Einer der mächtigsten Moslemherrscher, Aurangzeb, war auf dem Thron. Und er war nicht nur mächtig, er war ganz fürchterlich. Bis dahin hatten die mohammedanischen Herrscher immer nur mit Worten mitgeteilt, die Musik verstoße gegen den Islam, aber dabei hatten sie es bewenden lassen. Und in Delhi wimmelte es von Musikern! Doch Aurangzeb war kein Gentleman. Er ließ verkünden, wenn in Delhi irgendwo Musik zu hören sei, dann werde man den Musiker sofort köpfen. Und Delhi war der Mittelpunkt, denn es war seit Jahrtausenden Hauptstadt, und so war es natürlich der Ort, wo alle möglichen Genies lebten.

Als dies verkündet wurde, trafen sich alle Musiker und sagten: »Es muss etwas geschehen! Das ist zu viel! Früher hieß es zwar auch, die Musik sei gegen den Islam, aber das ging noch an. Dieser Mann ist jedoch gefährlich. Er wird anfangen, die Leute umzubringen.« Und als Protest gingen sämtliche Musiker – und es waren Tausende – zum Palast von Aurangzeb.

Dieser erschien auf dem Balkon und fragte die Menge: »Wer ist denn gestorben?« – denn was sie machten, war Folgendes: Sie trugen eine Leiche, wie man in Indien eine Leiche trägt. Es war aber gar keine Leiche, sondern nur eine mit Kissen ausgestopfte Hülle, doch es sah aus wie eine Leiche. Aurangzeb fragte also: »Wer ist denn gestorben?«

Und sie antworteten: »Die Musik. Und du bist der Mörder.«

Da sagte Aurangzeb: »Wie gut, dass sie tot ist! Jetzt tut mir bitte noch den Gefallen und grabt ihr ein Grab – so tief wie möglich, damit sie nie wieder aufersteht!«

Und Aurangzeb ließ sich nicht erweichen von den Tausenden von Musikern und all ihren Tränen – er tat ja etwas »Heiliges«.

Die Musik war den Mohammedanern verboten. Und weshalb? Weil es im Osten hauptsächlich die schönen Frauen waren, die Musik machten. Im Osten und Westen gibt es unterschiedliche Auffassungen von dem, was eine »Prostituierte« ist.

Im Westen verkauft die Prostituierte ihren Körper. Im Osten hat eine Prostituierte, zumindest in der Vergangenheit, nicht ihren Körper verkauft – sie hat ihr Genie verkauft: ihren Tanz, ihre Musik, ihre Kunst.

Vielleicht findet ihr es erstaunlich, aber alle indischen Herrscher schickten ihre Söhne, die einmal ihre Nachfolger werden sollten, für ein paar Jahre zu den berühmtesten Prostituierten, um bei ihnen zu leben. Man schickte sie dorthin, damit sie die Etikette lernten, damit sie Manieren lernten, Musik lernten, die Feinheiten des Tanzes lernten – denn ein Herrscher musste in jeder Hinsicht reich sein. Er musste etwas von Schönheit verstehen, er musste etwas von Logik verstehen, er musste etwas von Manieren verstehen. Das verlangte die alte indische Tradition.

Die Mohammedaner machten das kaputt. Musik war gegen ihre Religion. Warum? Weil man Musik nur im Haus einer Prostituierten lernen konnte. Die Mohammedaner waren gegen jegliches Feiern und im Haus einer Prostituierten gab es Lachen und Gesang, Musik und Tanz. So wurde es einfach verboten: Kein Mohammedaner durfte einen Ort der Musik betreten. Musik zu hören war eine Sünde.

Und genauso haben es auch die anderen Religionen gemacht – aus verschiedensten Gründen, aber sie alle haben den menschlichen Reichtum beschnitten. Und eine der wichtigsten Vorschriften war immer, dem Geld zu entsagen.

Seht ihr die Logik? Wer kein Geld hat, hat auch sonst nichts. Statt die Äste zu kappen, hat man die Wurzeln gekappt. Ein Mensch, der kein Geld hat, ist hungrig, ein Bettler ohne Kleider. Man kann nicht erwarten, dass er Zeit hat für Dostojewskij, Nijinsky, Bertrand Russell, Albert Einstein – nein, das ist unmöglich.

Alle Religionen zusammengenommen haben den Menschen so arm wie nur möglich gemacht. Sie haben so sehr das Geld verdammt und die Armut gepriesen, dass sie – zumindest in meinen Augen – die größten Verbrecher sind, die die Welt je gesehen hat!

Schaut, was Jesus sagt: »Eher geht ein Kamel durch ein Nadelöhr, als dass ein Reicher in das Himmelreich eingeht.« Haltet ihr diesen Mann für normal? Er ist bereit, ein Kamel durch ein Nadelöhr gehen zu lassen – was absolut unmöglich ist, aber das akzeptiert er sogar; eine solche Unmöglichkeit hält er für möglich. Doch ein Reicher ins Paradies? – Das ist eine noch viel größere Unmöglichkeit; es gibt keinen Weg, um das möglich zu machen.

Reichtum wird verdammt, Wohlstand wird verdammt, Geld wird verdammt. Die Welt wird in zwei Lager gespalten: Achtundneunzig Prozent der Menschen leben in Armut, aber mit dem großartigen Trost, dass dort, wo nicht einmal die Reichen hinkommen, die Engel sie in Empfang nehmen und auf der Harfe »Halleluja! Sei willkommen!«

spielen werden. Und die zwei Prozent, die reich sind, leben mit ungeheuren Schuldgefühlen, weil sie reich sind.

Sie können ihren Reichtum wegen dieser Schuldgefühle nicht genießen und im tiefsten Innersten sitzt die Angst: Vielleicht lässt man uns nicht ins Paradies! Sie stecken also in einem Dilemma. Ihr Reichtum macht ihnen Schuldgefühle – und sie werden keinen Trost finden, weil sie auf Erden nicht arm und traurig sind. Man wird sie nicht ins Paradies lassen, weil sie auf Erden so viele Dinge besitzen. Man wird sie in die Hölle werfen.

Aufgrund dieser Situation lebt der Reiche in einem sehr angstvollen Zustand. Selbst wenn er die Dinge genießt – oder zumindest zu genießen versucht –, wird es ihm durch die Schuldgefühle vergällt. Vielleicht liebt er gerade eine schöne Frau, aber nur sein Körper ist beteiligt. Innerlich denkt er ans Paradies, wo sogar die Kamele hinkommen – nur er steht draußen und hat keine Chance reinzukommen. Wie kann dieser Mann die Liebe genießen? Er mag vielleicht die allerfeinsten Speisen zu sich nehmen, aber er kann sie nicht genießen. Er weiß, wie kurz das Leben ist – und danach kommt nur Dunkelheit und Höllenfeuer. Er lebt in Paranoia.

Der Arme lebt bereits in der Hölle, aber er hat wenigstens einen Trost. Ihr mögt es erstaunlich finden, doch in den armen Ländern sind die Menschen viel zufriedener als in den reichen Ländern.

Ich habe in Indien die Ärmsten der Armen gesehen; sie sind gar nicht unzufrieden, während die Amerikaner um die ganze Welt reisen, nur um irgendwo spirituelle Führung zu finden. Natürlich! Sie wollen den Kamelen in nichts nachstehen; sie wollen ebenfalls durch die Himmelspforte eintreten! Und so versuchen sie einen Weg zu finden, irgendeinen Yoga-Weg, irgendwelche Übungen, um ihre Schuldgefühle zu kompensieren.

Man hat die ganze Welt sich selbst zum Feind gemacht.

Vielleicht bin ich der Erste, der Respekt zeigt gegenüber Geld und Reichtum, denn das kann euch in vielen Dimensionen reich machen.

Ein Armer kann Mozart nicht verstehen, ein Hungriger kann Michelangelo nicht verstehen und ein Bettler wird keinen Blick auf die Bilder von Vincent van Gogh verschwenden. Menschen, die an Hunger leiden, haben nicht genug Energie, um intelligent zu sein, denn um intelligent zu werden, braucht man einen Überschuss an Energie. Sie verausgaben sich allein schon damit, sich ihr Butterbrot zu verdienen. Sie haben nicht genug Intelligenz, um *»Die Brüder Karamasow«* zu verstehen; sie können höchstens irgendeinem dummen Priester in der Kirche zuhören.

Weder versteht der Priester, wovon er redet, noch versteht es seine Zuhörerschaft. Die meisten schlafen tief, müde von sechs Tagen Arbeit. Und der Priester findet es bequem, wenn alle schlafen, denn dann muss er keine neue Predigt vorbereiten. Er kann immer wieder denselben alten Sermon abspulen. Alle schlafen und keiner wird merken, dass er schwindelt.

Reichtum ist etwas genauso Wichtiges wie schöne Musik, große Literatur und die Meisterwerke der Kunst.

Manche Menschen haben eine angeborene Fähigkeit, Musiker zu werden. Mozart konnte schon im Alter von acht Jahren wunderbare Musik machen. Mit acht Jahren übertraf er schon bei weitem andere große Meister der Musik. So jemand wie er kommt mit dieser Kreativität auf die Welt. Vincent van Gogh war der Sohn eines armen Mannes, der im Kohlenbergwerk arbeitete. Er erhielt keine richtige Ausbildung, besuchte nie eine Kunstschule und trotzdem wurde er zu einem der größten Maler der Welt.

Erst vor ein paar Tagen sah ich ein Foto von einem seiner Bilder. Wegen dieses Bildes machten sich alle Maler über ihn lustig – ganz zu schweigen von den anderen Leuten. Er malte die Sterne auf eine Art und Weise, wie noch niemand sie gesehen hatte: als Spiralnebel – jeder Stern in Bewegung, wie ein kreisendes Rad. Wer hat je solche Sterne gesehen?

Sogar andere Maler sagten: »Du wirst allmählich verrückt – das sind doch keine Sterne!« Und die Bäume, die er unterhalb der Sterne gemalt hatte, ragen außerdem noch viel höher als die Sterne. Die Sterne bleiben weit zurück, die Bäume überragen sie bei weitem. Also, wer hat je solche Bäume gesehen! Das ist doch verrückt!

Aber vor ein paar Tagen habe ich genau so ein Foto gesehen. Jetzt haben die Physiker entdeckt, dass van Gogh Recht hatte. Die Sterne sind nicht so, wie sie aussehen – sie sind genau so, wie van Gogh sie gemalt hat. Der arme van Gogh! Was muss dieser Mann für Augen gehabt haben, dass er sehen konnte, wozu die Physik hundert Jahre gebraucht hat, um es zu entdecken – mit all den großen Laboratorien und der ganzen Technologie. Und seltsamerweise konnte Vincent van Gogh mit bloßen Augen die Form der Sterne exakt wahrnehmen. Sie kreisen. Sie sind wie kreisende Derwische, nicht statisch, so wie wir sie sehen.

Und als man ihn wegen seiner Bäume fragte: »Wo hast du solche Bäume gefunden, die die Sterne überragen?«, da sagte er: »Solche Bäume fand ich, als ich neben ihnen saß und ihren ehrgeizigen Gedanken lauschte. Ich habe die Bäume sagen hören: ›Wir sind die Sehnsucht der Erde, die Sterne zu erreichen!‹«

Vielleicht dauert es noch ein paar Jahrhunderte, bis die Wissenschaftler entdecken werden, dass die Bäume tatsächlich die Sehnsucht der Erde sind. Aber eines ist sicher: Die Bäume widerstehen der Schwerkraft. Die Erde lässt es zu, dass sie sich gegen die Schwerkraft erheben; sie hilft ihnen und unterstützt sie darin. Vielleicht möchte die Erde mit den Sternen kommunizieren. Die Erde ist lebendig und Leben will sich immer höher und höher und höher entwickeln. Seinen Hoffnungen sind keine Grenzen gesetzt. Aber wie sollen die Armen das verstehen? Sie besitzen nicht die Intelligenz.

So wie es geborene Dichter und geborene Maler gibt, möchte ich daran erinnern, dass es auch geborene Schöpfer von Reichtum gibt. Doch ihnen hat man nie Anerkennung gezollt. Nicht jeder ist ein Henry Ford und nicht jeder kann es sein.

Henry Ford wurde arm geboren und wurde zum reichsten Mann der Welt. Er muss ein besonderes Talent dafür gehabt haben, eine geniale Begabung, Geld zu erschaffen, Reichtum zu erschaffen. Und das ist viel schwieriger, als ein Gemälde oder Musik oder Poesie zu erschaffen. Reichtum zu erschaffen ist keine leichte Aufgabe. Henry Ford sollte mindestens ebenso gepriesen werden wie irgendein Meister der Musik, ein Romanschriftsteller, ein Dichter, ja noch viel mehr, denn mit seinem Geld kann man die ganze Dichtung, die ganze Musik, die ganze Bildhauerkunst der Welt kaufen.

So wie es geborene Dichter und geborene Maler gibt, möchte ich daran erinnern, dass es auch geborene Schöpfer von Reichtum gibt. Doch ihnen hat man nie Anerkennung gezollt.

Ich achte das Geld. Geld ist eine der großartigsten Erfindungen des Menschen. Es ist nur ein Mittel zum Zweck. Nur Dummköpfe verurteilen es – vielleicht weil sie neidisch sind, dass andere Geld haben und sie nicht. Ihr Neid hat dazu geführt, dass sie es verurteilen.

Reichtum zu erschaffen ist keine leichte Aufgabe. Henry Ford sollte mindestens ebenso gepriesen werden wie irgendein Meister der Musik, ein Romanschriftsteller, ein Dichter, ja noch viel mehr, denn mit seinem Geld kann man die ganze Dichtung, die ganze Musik, die ganze Bildhauerkunst der Welt kaufen.

Geld ist nichts anderes als eine wissenschaftliche Methode, um Dinge auszutauschen. Bevor es Geld gab, hatten die Menschen ein großes Problem. Auf der ganzen Welt war der Tauschhandel üblich. Jemand hatte eine Kuh und wollte ein Pferd kaufen. Nun wurde es zu einer Lebensaufgabe, einen anderen zu finden, der ein Pferd verkaufen und eine Kuh erstehen wollte. Es war schwierig! Man fand vielleicht jemanden, der Pferde hatte, aber nicht interessiert war, Kühe zu kaufen. Oder man fand jemanden, der interessiert war, Kühe zu kaufen, aber er hatte keine Pferde.

Das war die Situation, bevor das Geld entstand. So mussten die Menschen natürlich arm bleiben; sie konnten weder etwas verkaufen noch etwas kaufen. Es war alles viel zu schwierig. Geld brachte eine große Erleichterung. Jetzt musste der Mann, der die Kuh verkaufen wollte, nicht mehr nach einem Mann suchen, der bereit war, sein Pferd zu verkaufen. Er konnte einfach die Kuh verkaufen, das Geld einstecken und jemanden finden, der ein Pferd verkaufen wollte, aber an der Kuh nicht interessiert war.

Geld wurde zum Medium des Austausches und der Tauschhandel verschwand aus der Welt. Das Geld hat der Menschheit einen großen Dienst erwiesen. Und weil die Menschen dadurch die Möglichkeit hatten, zu kaufen und zu verkaufen, wurden sie auf natürliche Weise immer reicher und reicher.

Geld ist eine großartige Erfindung. Es macht die Menschen reicher, es gibt den Menschen die Möglichkeit, Dinge zu haben, die sie vorher nicht hatten. Aber alle Religionen waren immer dagegen.

Das muss man verstehen. Je mehr das Geld in Bewegung ist, umso mehr hat man davon. Wenn ich zum Beispiel einen Dollar habe … Das ist nur ein Beispiel, denn ich habe keinen Dollar, nicht mal einen Cent bei mir – ich habe keine Taschen an meinen Kleidern. Manchmal mache ich mir sogar Gedanken, wo ich einen Dollar hinstecken könnte, wenn ich einen bekäme. Wenn ich also zum Beispiel einen Dollar habe und behalte ihn für mich, dann gibt es hier nur diesen einen Dollar.

Wenn ich mir aber etwas dafür kaufe und der Dollar geht an jemand anderen, dann bekomme ich etwas im Gegenwert von diesem Dollar und freue mich auch noch darüber. Essen kann man den Dollar nicht, also wie kann man ihn genießen, wenn man ihn bloß behält? Man kann ihn erst genießen, wenn man ihn ausgibt. Ich genieße also den Dollar und er gelangt zu jemand anderem. Wenn dieser ihn jetzt behält, dann gibt es nur zwei Dollars – den einen, den ich schon genossen habe, und den anderen, den dieser Geizkragen jetzt für sich behält.

Wenn keiner sich an den Dollar klammert und jeder den Dollar so schnell wie möglich in Umlauf bringt, dann sind das bei dreitausend Leuten dreitausend Dollar, die genutzt und genossen worden sind. Und das ist erst ein einziger Durchgang. Bei mehreren Durchgängen gibt es mehr Dollar. Nichts kommt hinzu – es ist tatsächlich nur ein einziger Dollar –, aber wenn er im Umlauf bleibt, multipliziert er sich ständig selber.

Darum heißt das Geld auch *»currency«* – weil es im Umlauf sein sollte. Zumindest ist das meine Definition; über andere Definitionen weiß ich nichts. Man sollte das Geld nicht für sich behalten. Sobald ihr es bekommt, gebt es aus! Verschwendet keine Zeit, denn in dieser Zeit verhindert ihr, dass der Dollar sich vermehrt, dass er immer mehr wird.

Geld ist eine großartige Erfindung. Es macht die Menschen reicher, es gibt den Menschen die Möglichkeit, Dinge zu haben, die sie vorher nicht hatten. Aber alle Religionen waren immer dagegen. Sie wollen nicht, dass die Menschen reich sind, sie wollen nicht, dass die Menschen intelligent sind, denn wenn die Menschen intelligent wären – wer würde dann noch die Bibel lesen?

Lass alle Ideen über das Geld fallen, die man dir aufgezwungen hat. Habe Achtung vor dem Geld. Kreiere Reichtum, denn erst wenn du Reichtum kreiert hast, eröffnen sich dir noch viele andere Dimensionen.

Die Religionen haben nie gewollt, dass die Menschen intelligent sind, sie haben nie gewollt, dass die Menschen reich sind, sie haben nie gewollt, dass die Menschen sich freuen – denn Menschen, die leiden und arm sind und unintelligent, sind die Kundschaft für die Kirchen, Synagogen, Tempel und Moscheen.

Ich war noch nie an irgendeinem religiösen Ort. Warum sollte ich dort hingehen? Wenn ein religiöser Ort einen Geschmack von Religion haben will, soll er zu mir kommen. Ich gehe nicht nach Mekka, Mekka muss zu mir kommen! Ich gehe nicht nach Jerusalem, ich bin ja nicht wahnsinnig – nur ein bisschen verrückt, aber nicht wahnsinnig. Und wenn es uns gelingt, hier einen Ort der Freude und des Lachens und der Liebe zu schaffen – was sollen wir da in Israel? Wir schaffen hier das neue Israel.

Lass alle Ideen über das Geld fallen, die man dir aufgezwungen hat. Habe Achtung vor dem Geld. Kreiere Reichtum, denn erst wenn du Reichtum kreiert hast, eröffnen sich dir noch viele andere Dimensionen.

Schöpferisches Sein

Die höchste Kreativität – den Sinn des Lebens erschaffen

Das Leben an sich hat keinen Sinn, keine Bedeutung. Das Leben ist eine Gelegenheit, um Sinn zu erschaffen. Man kann den Sinn nicht entdecken, man muss ihn erschaffen. Sinn findest du nur, indem du ihn erschaffst. Er liegt nicht irgendwo im Gebüsch versteckt, sodass du nur ein bisschen zu suchen brauchst, um ihn zu finden. Er liegt nicht herum wie ein Felsen, den du finden kannst. Sinn liegt in dem Gedicht, das du schreiben, in dem Lied, das du singen, in dem Tanz, den du tanzen musst.

Sinn ist ein Tanz und kein Fels. Sinn ist Musik. Du kannst den Sinn nur finden, indem du ihn erschaffst. Denke daran.

Millionen von Menschen leben ein bedeutungsloses Leben, und das kommt von der völlig idiotischen Idee, man müsse seine Bedeutung entdecken – als ob sie schon vorhanden wäre! Als müsste man nur einen Vorhang wegziehen und siehe – da liegt die Bedeutung! So ist es aber nicht.

Vergiss nicht, Buddha findet Sinn, indem er ihn schafft. Ich fand ihn, indem ich ihn schuf. Gott ist kein Ding, sondern ein Schöpfungsprozess. Und nur wer etwas erschafft, findet ihn. Und es ist gut, dass der Sinn nicht einfach so auf der Straße herumliegt, sonst hätte ihn schon jemand entdeckt – und wozu sollten andere sich dann die Mühe machen, ihn selbst zu entdecken?

Kannst du sehen, was der Unterschied ist zwischen religiöser und wissenschaftlicher Bedeutung? Albert Einstein hat die Relativitätstheorie entdeckt – musst du sie nun jedesmal neu entdecken? Es wäre dumm von dir, sie immer wieder neu zu entdecken. Wozu? Einer hat es ja schon getan und er hat uns eine Wegbeschreibung gegeben. Er selbst mag Jahre gebraucht haben, bis er es verstanden hat, aber du kannst das in ein paar Stunden. Du kannst es an der Universität lernen.

Millionen von Menschen leben ein bedeutungsloses Leben, und das kommt von der völlig idiotischen Idee, man müsse seine Bedeutung entdecken – als ob sie schon vorhanden wäre! Als müsste man nur einen Vorhang wegziehen und siehe – da liegt die Bedeutung! So ist es aber nicht.

Auch Buddha hat etwas entdeckt, Zarathustra hat etwas entdeckt, aber ihre Entdeckung ist etwas anderes als die von Albert Einstein. Es genügt nicht, wenn man Zarathustra und seiner Wegbeschreibung folgt, um es zu finden – so wird man es nie finden! Man muss selbst zu einem Zarathustra werden. Siehst du den Unterschied?

Um die Relativitätstheorie zu verstehen, musst du kein Albert Einstein werden. Nein, dazu genügt eine durchschnittliche Intelligenz, das ist alles. Wenn du nicht allzu beschränkt bist, kannst du es verstehen. Um aber die Bedeutung dessen zu verstehen, was Zarathustra entdeckt hat, musst du selbst zu einem Zarathustra werden – nichts weniger als das. Du musst es neu erschaffen. Jeder Einzelne muss es selbst hervorbringen – Gott, Sinn, Wahrheit. Jeder muss damit schwanger gehen und die Schmerzen der Geburt durchleiden. Jeder muss es in seinem Mutterleib tragen und mit seinem eigenen Blut ernähren – nur dann kann man es entdecken.

Wenn du im Leben keinen Sinn sehen kannst, musst du passiv darauf gewartet haben, dass sich irgendein Sinn einstellt. Doch so kommt er nie. Die alten Religionen hatten die Vorstellung, dass der Sinn schon vorhanden sei. Das ist er aber nicht! Da ist nur die Freiheit, ihn zu erschaffen, die Energie, ihn zu erschaffen. Der Acker ist vorhanden, um die Samen auszusäen und die Ernte einzubringen. All das ist vorhanden – doch der Sinn muss erst erschaffen werden. Darum ist es eine solche Freude, etwas zu erschaffen, ein solches Abenteuer, eine solche Ekstase.

Das Erste ist also, dass Religion schöpferisch sein sollte. Bisher war Religion sehr passiv, geradezu impotent. Von einem Heiligen hat man nicht erwartet, dass er kreativ ist. Man hat von ihm erwartet, dass er fastet, in einer Höhle sitzt, morgens früh aufsteht und seine Mantras rezitiert … all solche dummen Dinge. Das finden die Leute großartig! Wozu dieser Mensch imstande ist …! Und man bewundert ihn dafür, dass er lange fastet. Aber vielleicht ist er nur ein Masochist, dem es Spaß macht, sich selbst zu quälen! Er sitzt nackt da, auch in der größten Eiseskälte, und alle bewundern ihn.

Das Leben ist nicht schon fix und fertig vorhanden. Du bekommst das Leben, das du erschaffst, und du bekommst vom Leben das, was du hineinfließen lässt. Zuerst musst du ihm eine Bedeutung geben, musst du ihm Farbe geben, Musik und Poesie. Du musst schöpferisch sein, nur dann wirst du wirklich leben.

Aber was hat das für einen Wert, für einen Sinn? Alle Tiere dieser Erde sind ebenfalls nackt in der Eiseskälte und sie sind keine Heiligen! Oder einer sitzt da in der größten Hitze, in glühend heißer Sonne, und man bewundert ihn. Die Leute sagen: »Seht, was für ein großer Asket!« Aber was macht er denn schon? Welchen Beitrag leistet er für die Welt? In welcher Hinsicht hat er die Welt schöner gemacht? Hat er die Welt ein bisschen verändert? Hat er der Welt ein bisschen mehr Süße, mehr Duft gebracht? Nein, danach fragt niemand.

Aber ich sage euch, man *sollte* danach fragen! Bewundert lieber den, der ein Lied erschafft, bewundert den, der eine schöne Skulptur erschafft, bewundert den, der wunderbare Musik auf seiner Flöte spielt! Von nun an solltet ihr die religiöse Qualität in diesen Dingen sehen. Bewundert den, der in der Liebe aufgeht – denn Liebe ist Religion. Bewundert den, der dieser Welt mehr Grazie und Anmut verleiht.

Bewundert den, der eine schöne Skulptur erschafft, bewundert den, der wunderbare Musik auf seiner Flöte spielt! Von nun an solltet ihr die religiöse Qualität in diesen Dingen sehen.

Und vergesst all diesen heiligen Unsinn – zu fasten, in Höhlen zu sitzen, sich selbst zu quälen oder gar auf einem Nagelbrett zu liegen! Bewundert lieber denjenigen, der wunderbare Rosen züchtet, denn er gibt der Welt mehr Farbe. Nur so kannst du Sinn finden. Sinn kommt durch Kreativität. Und die Religion muss poetischer werden, muss ästhetischer werden.

Und zweitens: Manchmal sucht man einen Sinn, weil man schon seine Schlüsse gezogen hat. Man hat eine Schlussfolgerung getroffen und sucht nun nach dem Sinn. Man hat sich schon entschieden, dass es einen Sinn geben sollte, geben *müsste* – aber so findet man ihn nicht.

Deine Suche muss ein reines Forschen sein. Was meine ich mit »reines Forschen«? Du solltest ohne vorgefasste Meinung darangehen, solltest nichts voraussetzen. Was für einen Sinn hast du denn im Auge? Wenn du bereits zu einer Schlussfolgerung gekommen bist und nach einem bestimmten Sinn Ausschau hältst, wirst du ihn nicht finden. Deine Suche war von Anfang an voreingenommen; sie war kein reines Forschen. Du hast schon eine Entscheidung getroffen.

Wenn zum Beispiel jemand in meinen Garten kommt und denkt, dass er dort einen Diamanten finden kann, und deshalb findet er den Garten schön ... Wenn er dann aber keinen Diamanten darin findet, wird er sagen, der Garten habe keine Bedeutung.

Dabei gibt es darin so viele schöne Blumen, so viele singende Vögel, so viele Farben! Der Wind bläst in den Kiefern und auf den Steinen ist Moos. Doch für ihn hat das alles keine Bedeutung, weil er eine feste Vorstellung hat: Er muss diesen Diamanten finden, diesen Kohinoor, nur dann ist der Garten für ihn sinnvoll. Und weil er diese Vorstellung hat, entgeht ihm der Sinn.

Lass dein Forschen rein sein. Geh nicht mit festen Vorstellungen auf die Suche. Sei nackt und ungeschützt, bleibe offen und leer. Dann wirst du nicht bloß *eine*, sondern tausenderlei Bedeutungen finden! Dann ist jedes kleine Ding voller Bedeutung – ein bunter Kiesel, der im Sonnenlicht funkelt ... ein Tautropfen, der in eine Regenbogenaura gehüllt ist ... eine zarte Blume, die im Wind tanzt ... Was suchst du noch an Bedeutung?

Gehe es nicht mit einer vorgefassten Meinung an, sonst liegst du schon von Anfang an falsch. Mache dich ohne Vorurteile auf den Weg. Darauf weise ich immer wieder hin: Lass all dein Wissen beiseite, wenn du die Wahrheit finden willst. Wer zu viel weiß, kann sie niemals finden – sein Wissen ist das Hindernis.

Goldstein war noch nie im Theater gewesen und so beschlossen seine Kinder, ihm zum Geburtstag eine Karte zu schenken. Am Tag nach der Aufführung fragten sie ihn neugierig, wie es ihm gefallen habe. »Ach«, antwortete er, »das war ein ziemlicher Blödsinn! Immer wenn sie wollte, dann wollte er nicht, und wenn er wollte, dann wollte sie nicht. Und als sie dann endlich beide wollten, ging der Vorhang runter!«

Freilich, wenn man eine feste Vorstellung hat, dann wird man warten und warten ... Und weil man so eng denkt, verpasst man alles, was da ist.

Den Sinn muss man erschaffen. Und nach dem Sinn muss man forschen, ohne vorgefasste Meinung. Wenn du dein Wissen fallen lassen kannst, wird das Leben plötzlich farbiger, es wird psychedelisch. Doch die Leute tragen ständig die Last der Schriften, Bücher, Theorien, Lehren, Philosophien mit sich und verlieren sich darin. Und dann vermischt sich alles und wird zu einem einzigen Durcheinander und man kann nicht mehr auseinanderhalten, was was ist.

In deinem Verstand ist ein Chaos. Räume es auf, mache ihn leer. Der beste Verstand ist der leere Verstand. Und wer immer euch erzählt hat, der leere Verstand sei die Werkstatt des Teufels, der war ein Agent des Teufels. Der leere Verstand ist Gott näher als alles andere. Der leere Verstand ist keine Teufelswerkstatt. Wenn keine Gedanken da sind, hat der Teufel keine Chance. Mit der Leere weiß er überhaupt nichts anzufangen, zur Leere hat der Teufel keinen Zugang.

Geh nicht mit festen Vorstellungen auf die Suche. Sei nackt und ungeschützt, bleibe offen und leer. Dann wirst du nicht bloß eine, sondern tausenderlei Bedeutungen finden!

So viele Gedanken im Verstand! Ein einziger Wirrwarr; nichts erscheint klar. Du hast so viele Dinge von so vielen verschiedenen Quellen gehört! Dein Verstand ist ein Monster. Und du versuchst alles im Gedächtnis zu behalten, weil dir immer eingeredet wurde, du müsstest alles im Gedächtnis behalten: »Vergiss es nicht!« Die Last ist so groß, dass du dich natürlich nicht an alles erinnern kannst. Vieles hast du vergessen. Und vieles hast du dir nur eingebildet und selber hinzugefügt.

Du erinnerst dich an etwas – »Das ist von Plato!« Und du erinnerst dich: »Das ist von Laotse!« Du erinnerst dich, was Jesus gesagt hat, was Mohammed gesagt hat ... So vieles schwirrt dir im Kopf herum und bringt dich ganz durcheinander – aber kein einziger Satz ist von dir. Solange du nichts Eigenes von dir gibst, verpasst du den Sinn.

Lass dein Wissen fallen und werde kreativer. Vergiss nicht: Wissen ist bloß angehäuft, es erfordert keine Kreativität; man muss es nur aufsaugen. Und sieh, was aus den Menschen geworden ist: Die Menschen lassen sich immer mehr dazu reduzieren, Zuschauer zu sein. Sie lesen die Zeitung, die Bibel, den Koran, die Gita. Sie sitzen im Kino und schauen sich einen Film an. Sie gehen zu einem Fußballmatch oder sitzen vor dem Fernsehapparat oder hören Radio ... und so weiter und so fort. Vierundzwanzig Stunden am Tag sind sie nur tatenlose Zuschauer. Andere machen etwas und sie schauen nur noch zu.

Durch Zuschauen wirst du den Sinn nicht finden. Selbst wenn du Tausenden von Liebespaaren zuschaust, wie sie sich lieben, wirst du so nie erfahren, was Liebe ist. Durch Zuschauen erfährst du nichts über die orgasmische Selbstvergessenheit. Du musst zum Teilnehmer werden. Sinn entsteht durch Teilnahme. Nimm teil am Leben! Beteilige dich daran, so tief und so total, wie du nur kannst. Und riskiere alles dafür! Wenn du wissen willst, was Tanzen ist, dann geh nicht hin und schau einem Tänzer zu, sondern lerne tanzen – werde selbst zum Tänzer! Wenn du etwas kennen lernen willst, dann nimm daran teil! Das ist der wahre und richtige Weg, der authentische Weg zum Wissen. Dann wird dein Leben reich an Bedeutung sein – nicht nur in einer Dimension, sondern in vielen Dimensionen. Dann wird Bedeutung von überall auf dich einströmen.

Das Leben sollte multidimensional sein, nur dann hat es Bedeutung. Mach das Leben nicht eindimensional! Das ist auch so ein Problem: Jemand wird Ingenieur und denkt, damit sei alles geregelt. Er ist damit identifiziert, Ingenieur zu sein. Dann wird er sein Leben lang nur ein Ingenieur sein – obwohl es Millionen von Dingen gibt, die er tun könnte, doch er fährt nur noch eingleisig. Dann wird er sich anfangen zu langweilen; es reicht ihm. Er ist müde und erschöpft, er schleppt sich nur noch dahin und wartet auf den Tod. Was für ein Sinn kann darin liegen?

Du solltest viele Interessen im Leben haben. Du solltest nicht immer nur Geschäftsmann sein, manchmal solltest du auch spielen. Sei nicht nur Arzt oder Ingenieur, Schuldirektor oder Professor – sei so vielseitig wie möglich! Spiele Karten, spiele Geige, singe ein Lied, sei ein Amateurfotograf, ein Dichter … Probiere im Leben so viele Dinge wie möglich aus, dann wirst du reich sein. Und eine Begleiterscheinung dieses Reichtums ist das Gefühl für Sinn.

Ich habe eine sehr bedeutsame Geschichte über Sokrates gehört:

Als Sokrates im Gefängnis war und auf seinen Tod wartete, wurde er von einem Traum verfolgt. Ständig drängte ihn etwas: »Sokrates, mache Musik!« Der alte Mann hatte immer das Gefühl gehabt, mit seinem Philosophieren der Kunst zu dienen, aber jetzt, als diese geheimnisvolle Stimme ihn antrieb, setzte er Fabeln in Verse um, komponierte eine Hymne an Apollo und spielte Flöte.

Im Angesicht des Todes reichten sich Philosophie und Musik für kurze Zeit die Hand und Sokrates war so glücklich, wie er es noch nie gewesen war.

Er hatte noch nie Flöte gespielt. Etwas in seinem Innern sagte beharrlich: »Sokrates, mache Musik!« Im Angesicht des Todes erschien das absurd. Und er hatte noch nie gespielt, hatte noch nie Musik gemacht. Diesen Teil seines Wesens hatte er unterdrückt – ja, selbst ein Mann wie Sokrates blieb eindimensional. Der verleugnete Teil meldete sich beharrlich: »Genug der Logik! Ein bisschen Musik wäre gut. Das wird das Gleichgewicht herstellen. Genug des Argumentierens! Spiele Flöte!« Und diese Stimme war so unnachgiebig, dass er ihr nachgeben musste.

Seine Schüler haben sich sicher gewundert: »Spinnt er jetzt? Sokrates spielt Flöte?« Aber mir erscheint das sehr bedeutsam. Die Musik wird nicht so toll gewesen sein, weil er noch nie zuvor gespielt hatte. Sie wird laienhaft gewesen sein, kindlich – aber sie hat etwas in ihm befriedigt, sie hat eine Brücke geschlagen. Er war nicht mehr so einseitig, vielleicht war er zum ersten Mal in seinem Leben spontan. Zum ersten Mal tat er etwas, ohne einen Grund dafür nennen zu können. Er war sonst immer so vernünftig gewesen.

Kürzlich las ich eine Geschichte von dem großen chassidischen Mystiker Baal Shem:

Es war Sabbat und die Chassidim traten zusammen, um zu beten und die Kommunion mit dem Meister – *Satsang* – zu feiern. Ein Mann kam mit seinem zurückgebliebenen Kind. Er machte sich Sorgen, dass der Knabe etwas anstellen könnte, und darum ließ er ihn nicht aus den Augen. Als die Gebete gesprochen wurden, fragte der Junge den Vater: »Ich habe eine Trillerpfeife – kann ich darauf spielen?«

Der Vater sagte: »Untersteh dich! Wo hast du denn die Pfeife?« – denn er hatte Angst, der Junge würde nicht auf sein Nein hören. Der Junge zeigte dem Vater, wo die Pfeife war, in seiner Jackentasche. Der Vater ließ die Tasche und den Jungen nicht aus den Augen. Doch als man anfing zu tanzen, da vergaß der Vater alles und fing auch an zu tanzen. Die Chassidim waren fröhliche Menschen, die sehr gerne tanzten – die Elite des jüdischen Glaubens, die Essenz des Judentums war bei ihnen, bei diesen verrückten Leuten.

Als alle zu Gott beteten und tanzten, da konnte der Junge auf einmal nicht mehr widerstehen. Er zog die Pfeife heraus und blies darauf. Alle waren schockiert! Doch Baal Shem kam zu dem Jungen, umarmte ihn und sagte: »Jetzt werden unsere Gebete erhört. Ohne deine Pfeife wäre alles vergeblich gewesen. Das war das einzig Spontane hier! Alles andere war nur ein Ritual.«

Lass nicht zu, dass dein Leben nur ein totes Ritual wird. Lass auch Augenblicke da sein, die nicht zu erklären sind. Lass ein paar Dinge da sein, die geheimnisvoll sind, für die du keinen Grund nennen kannst. Lass ein paar Dinge da sein, deretwegen die Leute dich für ein bisschen verrückt halten werden. Ein Mensch, der hundertprozentig normal ist, ist tot. Ein bisschen Verrücktheit am Rande macht immer viel Spaß. Tu also immer wieder auch Dinge, die verrückt sind – dann wird Sinn möglich.

Über den Autor

Oshos Lehren entziehen sich jeder Kategorisierung. Sie reichen von der individuellen Suche nach Sinn bis hin zu den dringendsten sozialen und politischen Fragen, denen sich unsere heutige Gesellschaft gegenüber sieht. Osho hat nie ein Buch geschrieben. Seine vielen Bücher sind Transkripte von Audio- und Videoaufnahmen spontan gehaltener Vorträge, die er über einen Zeitraum von 35 Jahren gehalten hat und in denen er Fragen seiner Zuhörer beantwortet. Die Londoner *Sunday Times* zählte Osho zu den »1000 Gestaltern des 20. Jahrhunderts«, und der indische *Sunday Mid-Day* reihte ihn ein unter den zehn Menschen, die das Schicksal Indiens in neue Bahnen gelenkt haben – zusammen mit Gandhi, Nehru und Buddha.

Osho hat über sich und sein Wirken gesagt, dass er mithelfe, die Voraussetzungen für die Geburt eines neuen Menschen zu schaffen. Er hat ihn oft als »Zorbas der Buddha« charakterisiert – ein Mensch, der die irdischen Freuden eines Alexis Sorbas ebenso wie die heitere Stille eines Gautama Buddha genießen kann. Durch alle Aspekte seiner Werke zieht sich wie ein roter Faden eine Vision, die die zeitlose Weisheit des Ostens und das höchste Potenzial westlicher Wissenschaft und Technologie vereint.

Bekannt ist Osho auch für seinen revolutionären Beitrag zur Wissenschaft der inneren Transformation. Seine Sicht von Meditation bezieht das beschleunigte Tempo unseres modernen Lebens mit ein. Daher sind seine einzigartigen »Aktiven Meditationen« so gestaltet, dass zuerst der angesammelte Stress im Körper und im Geist freigesetzt wird, was es viel leichter macht, einen gedankenfreien und entspannten Zustand von Meditation zu erfahren.

Von Osho sind zwei autobiografische Werke erhältlich:
Autobiografie eines spirituellen Provokateurs, Econ, München 2001
Goldene Augenblicke, Osho Verlag, Köln 1995

Die Website des Autors – www.osho.com – bietet in mehreren Sprachen einen detaillierten Überblick über Oshos Werke und seine Meditationen.

Die Meditationsoase – Osho Commune International

Um Menschen die unmittelbare Erfahrung einer neuen Lebensweise zu vermitteln, die mehr Achtsamkeit, Entspannung und Freude zum Ziel hat, wurde ein *Meditation Resort* ins Leben gerufen. Es liegt in Pune, Indien, etwa 150 km südöstlich von Mumbai (Bombay). Pune, einst Zufluchtsort vor der Sommerhitze, ist heute eine aufstrebende moderne Großstadt, die mehrere Universitäten und diverse High-Tech-Industrien beherbergt.

Das *Resort* umfasst rund 15 Hektar Land im üppig grünen Wohnviertel Koregaon Park und bietet zeitgenössische und traditionelle Meditationsprogramme für tausende von Besuchern aus über hundert Ländern an. Unterkunftsmöglichkeiten gibt es in zahlreichen nahe gelegenen Hotels und Privatwohnungen sowie in einem neu erstellten luxuriösen Gästehaus im *Resort* selbst.

Alle Meditationsprogramme wurden speziell für Menschen von heute konzipiert. Die verwendeten Methoden sind eine Hilfe zur Selbsttransformation und tragen dazu bei, eine Qualität von Entspannung, Bewusstheit und Stille ins eigene Leben zu bringen.

Das Meditationsprogramm beginnt jeden Tag um sechs Uhr früh und endet um zehn Uhr abends. Es zieht sich durch das ganze Jahr, ebenso wie das umfangreiche Angebot an Einzelsitzungen, Gruppenworkshops und Kursen, die größtenteils in modernen, klimatisierten Räumlichkeiten stattfinden. Das »Club Med«-Programm – »Med« für Meditation –

bietet die Möglichkeit, auf einem liebevoll gestalteten Gelände auf »Zen«-Weise mit verschiedenen Sportarten zu experimentieren und Erholung zu finden.

Im *Resort* wird in Cafés und Restaurants im Freien traditionelle indische Küche sowie eine Vielfalt internationaler Gerichte mit biologisch angebautem Gemüse von der eigenen Farm serviert. Das *Resort* verfügt zudem über eine eigene Filteranlage für sicheres, sauberes Trinkwasser.

Zu Informationen über Anreise und Programme siehe www.osho.com

Osho International
570 Lexington Avenue
New York, NY 10022
E-mail: osho-int@osho.com
www.osho.com

Mond

38/211

Anna-Maria Bauer
Das Heyne-Mondjahrbuch 2001
14/372

Anna-Maria Bauer
Der Heyne-Mondkalender 2001
48/57

Johanna Paungger
Thomas Poppe
Vom richtigen Zeitpunkt
08/5263

Maryam Sachs
Der Mond
38/211

HEYNE-TASCHENBÜCHER

Von Osho sind im Wilhelm Heyne Verlag erschienen:

Das Buch der Frauen (Band-Nr. 13/9711)
Das Buch der Kinder (Band-Nr. 13/9732)
Das Buch der Männer (Band-Nr. 13/9780)
Das Buch vom Ego (Band-Nr. 13/9820)

HEYNE
BÜCHER